品牌洞见

严桢 著

内容提要

讲品牌打造方法的书很多，但合国情、接地气的品牌打造方法才是好方法。品牌理论传入国内30多年，中国品牌的打造方法不应该还是来源于国外的理论，更应该来源于本土的优秀实践。笔者在长期的实践中摸索出了一套适合本土国情的品牌思维模式与打造方法，全书从大处着眼，以战略家的高度来布局品牌，以企业家的视角来管理品牌；然后从微观着手，洞察消费者真实的需求；再巧妙运用事件、直播、公益等营销与传播方式，借力借势，打破常规，低成本、高实效地打造品牌。全书共8章：第一章讲站在企业家的高度做品牌；第二章讲站在时代的风口做品牌；第三章讲消费者洞察，以及从消费者的角度来做品牌；第四章讲如何创新运用事件营销；第五章讲怎样做好直播；第六章讲如何通过公益让品牌深入人心；第七章讲怎样讲好品牌故事；第八章讲跳出品牌做品牌。

本书展示了中国品牌打造方法的探索及实践，非常适合企业管理层阅读。

图书在版编目（CIP）数据

品牌洞见 / 严桢著. —北京 ：北京大学出版社, 2023.4
ISBN 978-7-301-33789-9

Ⅰ. ①品… Ⅱ. ①严… Ⅲ. ①品牌－企业管理 Ⅳ. ①F273.2

中国国家版本馆CIP数据核字(2023)第033681号

书　　　名	品牌洞见	
	PINPAI DONGJIAN	
著作责任者	严　桢　著	
责 任 编 辑	刘　云　刘　倩	
标 准 书 号	ISBN 978-7-301-33789-9	
出 版 发 行	北京大学出版社	
地　　　址	北京市海淀区成府路205号　100871	
网　　　址	http://www.pup.cn　　新浪微博：@北京大学出版社	
电 子 信 箱	pup7@pup.cn	
电　　　话	邮购部 010-62752015　发行部 010-62750672　编辑部 010-62570390	
印 刷 者	北京中科印刷有限公司	
经 销 者	新华书店	
	787毫米×1092毫米　32开本　6.625印张　140千字	
	2023年4月第1版　2023年4月第1次印刷	
印　　　数	1-5000册	
定　　　价	68.00元	

未经许可，不得以任何方式复制或抄袭本书之部分或全部内容。
版权所有，侵权必究
举报电话：010-62752024　电子信箱：fd@pup.pku.edu.cn
图书如有印装质量问题，请与出版部联系，电话：010-62756370

自序

从业22年来,我一直专注品牌领域,幸运地找到了自己既热爱又擅长的事。

这些年常常会遇到一些同行和媒体的追问:为什么企业家通常难以被别人的观点说服,你却敢于坚持并"卖出"自己的观点?为什么跨越巨大的行业与体制差异,你始终能用自己的方式做品牌?为什么同样的潮流大势,你却能把握先机?为什么同样的资源和媒介,你却能看到别人看不到的附加价值?为什么明明预算花费不高,你却能让人产生"花了大价钱"的错觉?

我也尝试问自己,是不是真的有一些心得?是不是值得与大家分享?寻找这些问题的答案也是触发本书写作的原因。

我曾就职于中粮集团、碧桂园集团等世界500强企业,也曾任职汇源、蒙牛、九牧等同时期行业头部企业,这些企业有很多不同点。跨行业,涉及食品、地产、泛家居等多个领域;既有快速消费品,又有耐用消费品;既有单一品类公司,又有多元产业集团;既有本土品牌引领的赛道,又有外资品牌主导的市场。跨体制，既有稳健厚重的大型央企，又有快速崛起的民营企业。企业家风格迥异，成长背景不同、决策方式多样、地域特点鲜明。但这些企业也拥有一个共同点——都是与时代共同发展的民族品牌。非常有幸，我亲历了这些企业的成长，见证了这些品牌的高光时刻，这些珍贵的故事成为本书最重要的素材。

目前我在全球领先的数据洞察和咨询公司凯度、中国文物保护基金会罗哲文基金管理委员会、中体传播集团等机构担任品牌顾问，借此更深入地了解品牌和营销趋势，更多维地参与文化与体育领域的跨界创新。

我拥有4年军校经历，习惯运用军事思维经营品牌，这一点可能是我与其他品牌人最大的不同之处。做品牌就如同作战指挥，力争抢夺先机，赢得先发优势；秉持大局观，不争一城一池，而是要打赢全面战役，不执着于短期收益，而是谋求更长远的有利占位；因势利导，守正出奇，打破常规，调用最合理的资源，获取最可观的战果。

品牌的打造没有可以套用的万能公式，某个项目的成功也往往难以复制。本书并不提供如何打造一个爆品的标准答案，也无法给出通过一句口号或一波广告就能带来生意飞跃的奇迹。本书聚焦品牌的可持续发展，试图洞察成功案例背后的规律，期望提炼可供借鉴的思维方式，尝试探讨时代的品牌之道。

如果有幸被企业家读到，希望能够帮助他们更多地了解品牌拉动生意的路径，辅助他们更好地判断怎样才是有效的品牌管理。

如果有幸被品牌人读到，希望能够抛砖引玉，提供另一种打造品牌的可能性。如果有幸被媒体人和大众读到，希望他们发现品牌既是有趣味的，又是有意义的。无论如何，唯愿本人22年的品牌生涯能带给读者点滴收获，也算是对我所热爱事业的一点回馈。

在此，我要诚挚地感谢在本书写作过程中原文化部副部长、故宫博物院前院长郑欣淼老先生，中央文史研究馆特约研究员罗杨先生，凯度集团大中华区CEO暨BrandZ全球主席王幸女士给予我的鼓励和帮助。最后，我要感谢我的家人，他们是我写这本书最坚定的力量来源。

成书之时，我深感个人的命运、企业的发展，得益于时代的红利，根源于国家的强大。身为品牌人，由衷地盼望民族复兴之路上有更多中国品牌屹立于世界品牌之林。

前言
最好的品牌时代

营销与品牌理论发源于西方，世界上第一本市场营销学的教科书于1912年在美国出版。国外用100多年走过的路，我们用40多年加速学习了。新时代的中国营销模式，在很多领域已走在世界前列，如电子商务、移动支付、网红经济等。"买下推特，复制微信"，马斯克都建议从中国市场取经，打造全世界通用的网络平台。当下的中国品牌更不应只用历史的理论定式指导新时代的品牌实践。本土企业的崛起模式、民族品牌的创新方式，值得品牌人深度探讨和持续探索。

这是最好的品牌时代，消费者自信、企业自律、国家自强，三者紧密关联、彼此共振，共同孕育出新时代的消费文化和品牌趋势。

消费者自信

移动互联网时代,消费者获得信息的途径更加多元化,也越来越清楚自己要什么。随着Z世代的崛起,全新的消费观念和购物模式也应运而生。Z世代,也称为"网生代""二次元世代""数媒土著",通常是指1995年至2009年出生的一代人,他们一出生就与网络信息时代无缝对接。他们个性化地定义什么是性价比,更热衷彰显自我与社交圈层,更关注品牌传递的精神价值,更乐意为文化自信、国潮情怀买单。《百度2021国潮骄傲搜索大数据》报告显示:近10年,国潮相关搜索热度上涨528%,2021国货品牌关注度达到洋货品牌的3倍。阿里研究院发布的《2021中国品牌发展报告》显示:2020年,国产代表性品牌销售额是2016年的17.9倍。2022年天猫"双11"首小时成交额过亿元的102个品牌中,国货品牌占比过半。

企业自律

从"制"造到"质"造,再到"智"造,中国企业修炼内功,突破技术壁垒,整合全供应链,为消费者提供了越来越多不输于国际品质的产品。悠久的文化积淀与全新的消费理念相互碰撞,催生出独具特色的本土市场,并且是全球仅有的几个超大规模单一市场。与国际品牌相比,中国品牌更擅长洞察本土消费者的需求,更容易在文化认同感层面与消费者共情,更有机会快速对产品和品牌更新迭代。2022年凯度BrandZ最具价值全球品牌排行榜显示:最具价值全球品牌100强中,中国品牌占据14个席位。2022年凯度BrandZ最具价值中国品牌100强榜单数据显示:最具价值的100个中国品牌总价值连续两年超过1万亿美元,达到了12410亿美元。

国家自强

从5G、高铁、大飞机,到北斗、神舟、嫦娥、天问,中国正稳步迈向创新型国家行列。从制造强国、质量强国到科技强国、文化强国,中国式现代化进程也必定加速向前。在以国内大循环为主体,国内国际双循环相互促进的新发展格局下,国产替代成为市场大势,本土品牌也迎来新的机遇。国务院印发《国务院关于同意设立"中国品牌日"的批复》,同意自2017年起,将每年5月10日设立为"中国品牌日"。民族品牌的重要性日益提升,也逐渐肩负起传递中国形象、讲好中国故事的时代责任。

🎯 时代呼唤新的品牌认知

新一代的中国消费者已经可以平视世界,新一代的中国企业已经可以走向世界,这个时代的中国比过去任何一个时代都更自信、更自强。生逢其时,我们才有机会谈论品牌的发展之道。每个品牌都是时代文明的产物,承载着消费者对美好生活的向往,承载着企业自我升级的追求,更承载着国家和民族的文化自信。新的时代也呼唤新的品牌认知。

目录

第一章

站在企业家的高度做品牌

拥有时代责任感,才能称得上企业家。优秀的企业家是最好的品牌代言人,更是品牌的塑造者和引领者。

品牌是背后的一群人,做人之道决定做事之道。品牌人服务于企业,服从于专业。

002　第一节　企业家是最好的品牌官
007　第二节　时代的企业家责任
017　第三节　品牌人要敢于"真""争""征"
022　第四节　品牌人的自我修养

第二章

站在时代的风口做品牌

识大势，顺大势，就像一艘大船想要抵达广阔的大海，如果沿着江河的主干顺流而航，方能行稳致远，而如果误入江河的支流，也许只能到达湖泊，甚至被搁浅。这对企业而言并非易事，需要掌舵人具备前瞻性的战略眼光、系统性的能力建设，找到江河的主干，建造坚固的船体，才有机会乘时代之大势，乘势而发，乘势而起。

032　第一节　识大势 谋大局
048　第二节　民族品牌要与时代同频、与民众共振

目录

第三章

你真的会"洞察"吗?

数据只是趋势,真正的洞察才是本事。

企业应当尝试站在真正的"上帝视角",它不是消费者视角,也不是企业视角,而是站在更高的第三方位置,跳出局限,由外在到内在,从现象到本质的思维方式,辨别消费者现实的"想要"和真实的"需要",创造出他们渴望却无法言明的需求。

057　第一节　需求的真相
065　第二节　对消费者的称呼该换换了!

第四章

你的事件四两换千金了吗？

用事件的思维做品牌，用公关的思维做品牌，用内容与话题的思维做品牌。

模仿和复制简单，跟风和蹭热点也简单，而突破和创新却很难。但简单的事只能制造"假差异化"，竞争门槛很低，难做的事才能创造"真差异化"，对手才真的难以超越。

073　第一节　一切皆可"事件"
092　第二节　"新"国潮，"心"国潮

第五章

你的直播"值"吗?

"直播"只是形式,"带货"才是内容。无论通过什么渠道购买产品,消费者最终体验到的是产品本身,有价值的需求会永远存在,这也是直播带货最应关切的问题。能否让"直"播变成"值"播,是对品牌人策划水准的真正考验。

106　第一节　贵不贵?值不值?
115　第二节　好的直播有态度

第六章

你的公益"溢"起来了吗？

商业的运维就像一道哲学命题，在"生存"与"毁灭"之间，在"舍"与"得"之间，在"自利"与"利他"之间，不断地寻找着平衡的支点，而商业成长的可持续性，正是通过利他而获得长久的自利。

122　第一节　探寻商业的温度
128　第二节　更高维的品牌运营

第七章

你的品牌有故事吗？

品牌要想做得好讲求技术，也讲求艺术。讲好品牌故事就是艺术的部分，就像写好一部小说、拍好一部电影，都需要打动人心、引发共鸣。而正是这些故事所创造出的情感价值，赋予了品牌难以模仿的差异性和难以超越的竞争力。

146　第一节　品牌的本质是动人的故事
160　第二节　民族品牌讲好民族故事
171　第三节　民族的才是世界的

第八章

跳出品牌做品牌

短期主义创造出的只是一个"牌子"或一个"名字"而已，只有长期主义才能创造出有"个性、文化与价值"的、真正意义上的品牌。

品牌要想成功需要借助这样一步梯子："时代大势"是梯子两侧的长柱，品牌的"道与术"是嵌在两个长柱之间的横木，二者相辅相成。

177　第一节　品牌要坚持长期主义
187　第二节　时代的品牌之道

第一章

站在企业家的高度做品牌

第一节

企业家是最好的品牌官

乔布斯之所以被全世界追忆,是因为他所创造的苹果不仅是傲居全球各大权威价值榜榜首的产品品牌,更是他个人的精神品牌。苹果新品发布会和乔布斯个人演讲,曾是所有果粉翘首以盼的全球盛典。"至繁归于至简"阐述了他的人生哲学,"非同凡响"更道出了他的终极追求——活着就是为了改变世界。乔布斯,是苹果的灵魂品牌官。

企业家是一个超级工种,除了日常繁重的战略、研发、设计、生产、销售等全方位管理工作外,还要承担一项重要的工作,就是必须清晰地传递出企业的愿景。这关乎品牌的行进方向和发展蓝图,对内部管理层和普通员工而言,意味着行动指南和企业文化,对消费者和公众而言,意味着企业的品牌形象和价值观。

优秀的企业家是最好的品牌代言人,更是品牌的塑造者和引领者,他们的经营理念与管理思维,他们的创新追求与独特风格,都会成为品牌的核心基石。自媒体时代,企业家作为品牌官,更容易零距离向消费者传达自己的品牌主张,更可能成为大众和媒体追逐的焦点。

分享两个我曾经就职企业品牌官的故事。

🎯 如果有期望的事

中粮集团前任董事长宁高宁先生，在企业战略层面创造了系统的思想理论与应用框架，在品牌领域拥有超于常人的格局与情怀，中粮历史上第一次整体性的品牌战役正是在宁董的领导下打响的。

2004年末，宁高宁担任中粮董事长，他逐步推出全新的品牌理念"自然之源，重塑你我"、品牌定位"人与自然和谐关系的促进者"、传播口号"产业链，好产品"。"全产业链"概念生动形象地展示了中粮的商业模式，也彰显了中粮保障中国老百姓食品安全的使命：从种子开始，严格把控原料、研发、生产、销售、物流、服务等所有环节，打造从源头到餐桌的好产品。中粮营养健康研究院也是全产业链的重要一环，关于创立初衷，宁董曾在内部表示，希望通过更科学的营养研究，更健康的中粮产品，最终提高中国人的寿命。

国有大事，必有中粮，从2009年中华人民共和国成立60周年开启首波大规模传播，到2010年成为上海世博会的高级赞助商，再到2012年携手中国奥委会成为其战略合作伙伴，中粮的品牌形象也逐渐从与中国同龄的大型央企转变为消费者身边最值得信赖的老朋友。

如今商业地产领域的佼佼者"大悦城"，其命名来自宁董的灵感，源于《论语·子路》"近者悦，远者来"。集团新总部的名字也是宁董的创意,叫作"福临门"大厦,因为地理位置处在北京建国门与朝阳门之间,而福临门也是中粮旗下最大的民生品牌,既应景又双关。

宁董执掌中粮11年,2016年初,他离任时饱含深情地写道:"如果以后还有歌声可以让我落泪,那一定是中粮的司歌《阳光》。如果有期望的事,真想看到中粮是全产业链的、遍布全球的、竞争力强的国际大粮商。"2022年《财富》世界500强榜单中,中粮集团排名第91位,实现其连续28年上榜以来的最高排名。

宁董曾说,"品牌是背后的一群人"。何其有幸,我也曾属于这群受其鼓舞、倍感自豪的中粮人。

超乎常人的冒险就是安全

蒙牛速度奇迹的背后是创始人牛根生的传奇人生。成长在一个以养牛为生的家庭,20岁时成为牛奶厂的一名工人,34岁时担任伊利集团生产经营副总裁。他在1999年创立蒙牛,从呼和浩特一间53平方米的房间起步,仅用8年时间,就让蒙牛成功登顶中国乳业第一品牌。2003年,牛总被评为CCTV"中国经济年度人物",颁奖词是"他姓牛,但他跑出了火箭的速度"。

创业之初,一穷二白,牛总大胆提出"先市场,后工厂"的策略,把打造强势品牌作为企业发展的第一要务。随后几年里,蒙牛开创性地借助时代大势,打响"每天一斤奶,强壮中国人"

的口号。2003年，蒙牛成为中国航天事业合作伙伴，借势举国关注的首次载人航天任务，推出航天品质牛奶。2005年，蒙牛酸酸乳成为《超级女声》的冠名赞助商，节目获得4亿人次关注，一年时间蒙牛酸酸乳的销售额从7亿暴涨到25亿。

创新是蒙牛快速行进的发动机，创新文化是蒙牛内部管理的鲜明特色。我就职蒙牛时，作为管理层，除了本职工作外，我们每人每周还必须提出两条以上创新建议。一切关于改善公司经营的建议都可以提，有个部门专门负责收集评估这些创新建议，鼓励全员参与。建议一经采纳会全集团推广，如果产生经济效益，还会颁发奖金。这个管理方式不仅催生出大量的创新成果，还提升了运营效率。更重要的是，要求每个蒙牛人时时思考如何优化本职工作，如何更好地发挥主观能动性，更用心地参与到企业发展中去，而这个创新规则的发起人正是牛总。

牛总曾说："一个产品，抓眼球，揪耳朵，都不如暖人心。""经营人心就是经营事业"。他信奉："小胜凭智，大胜靠德。"牛总凭借敏锐的商业直觉、超常的冒险精神，从创业草根一跃升为中国乳业教父级人物。

蒙牛这个名字，曾经与牛根生深度绑定，他称得上蒙牛最好的品牌官。

企业家的本色

品牌形象能否真正立得住很大程度上取决于企业家的本色，而表演的人设迟早会遇到塌方的危机。既然是本色，那就是始终如一，可以经受时间的考验，可以经受大众的审视。通过企业家每一天的工作日常、每一次的公开亮相，通过供应链的每一个细节，通过产品的质感、包装的风格、广告的调性、渠道的呈现，对员工、对产业、对社会形成一套整体的输出，一个统一的价值观。

乔布斯曾说："我的激情所在是打造一家可以传世的公司，这家公司里的人动力十足地创造伟大的产品……但是动力来自产品，而不是利润。""勇敢地去追随自己的心灵和直觉……其他一切都是次要。"做最真实的自己，进而改变世界，乔布斯和他的苹果都做到了。

第二节

时代的企业家责任

古往今来，从商亦有道。历史上大名鼎鼎的晋商，推崇"首重信，次讲义，最后才是利"。关于经商的俗语，比如无"奸"不商，其实也并非词语的本意，而是由于民间文化是口口相传形成的，导致了某些误解。原词应该是无"尖"不商，背后有这样一个故事：古代卖粮食用斗计量，把斗装满之后，再用一个板刮平，即为公正标准的做法。但是善于经商的人反而会多称一点，特意让粮食冒出一个尖来，这种对顾客让利的做法，自然会吸引更多回头客。因此，无"尖"不商原本是古代劝导商人要关注客人的感受、要厚德大方的鼓励之词。

据吴晓波的研究，"企业家"这个词首次被收入《辞海》的时间是1989年，是新时代的产物。自古以来，只有商人、商贾的称呼，在封建帝王年代，他们与普通民众无异。如今为什么被称作"企业家"呢？首先要看看什么是"家"。比如艺术家、哲学家、科学家，指在专业领域拥有高深造诣，并为社会和文明带来积极促进作用和杰出贡献的优秀人才，是非常了不起的人物！从商人到企业家的转变，即认可了他们在商业经营领域具备专业素养，能够为员工、为消费者、为社会带来可观价值，并且他们身上还肩负着推动产业与国家进步的使命。

拥有时代责任感，才能称得上企业家，而不仅仅是为了积累自身的财富。有一个生动的比喻，一张钱有4个角（脚），一个人只有两条腿，两条腿怎么能跑得过4个脚呢？一味地追逐财富是追不到的。虽短期暴富，却因形象危机而被打回原形的大有人在。把产品做好，把品牌做好，承担起社会责任，经受住市场的检验，赢得消费者的认可，财富自然会来追你。

你不负时代，时代也终不负你

"当我们来到这个世界上，除了满足自己的衣食需求，除了照顾我们自己的家庭成员，我们总是渴望做一些有益于人类发展和社会进步的事情。新东方是这么做的，我也是这么做的。我们也期待着与其他教育机构和来自世界其他地方的伙伴合作，为世界创造更好的教育。正如我们常说的，经济是为了今天，政治是为了明天，但只有教育才是为了人类的未来。"俞敏洪自传《不负我心》中的这段话，正是对新东方经营理念和俞敏洪人生哲学的最好注解。

一个本色质朴的读书人

1962年，俞敏洪出生在江苏省江阴市一个农村家庭。1980年，俞敏洪迎来第三次高考，他终于闯关成功，并且顺利考入了北京大学西语系。前两次高考英语不及格，只有33分和55分，第三次考了93分的高分，或许注定了未来他将与英语结下不解之缘。毕业后留任北大的俞敏洪，也曾想过跳出国门，托福和GRE都考过了，可是却没钱支付留学费用，这也让他萌生了从事出国教育培训的想法。

1993年，俞敏洪创办北京新东方学校。2006年，新东方在美国纽交所上市。在一次采访中俞敏洪被问及"你没有私人飞机吗？"他回答，"我没有私人飞机，我只有私人自行车。一架私人飞机每年的消费达上千万,这些钱够帮助多少农村的孩子?我现在和新东方每年为农村孩子的投入大概是5000万元,这就是我不买私人飞机和游艇省下来的钱。人来到这个世界上不是为了享受的,我们应该思考,如何度过这一生才算是有意义的"。

一个通过努力改变了命运的乡村人,一个固守本色、质朴如一的读书人,一个没有因世俗风潮忘记初心的企业家,他所追求的成功意义,所定义的人生价值,自然也是与众不同的。

一个身体力行的教书人

十年树木,百年树人。教育问题关系国之大计,中国要发展,民族要复兴,必须要有具备创新思想的新型人才,必须要有更广泛的人才基础。城乡发展不均衡,教育普惠有待改善,怎样才能让更多的农村孩子受到教育?怎样才能让孩子们在教育中找到希望?俞敏洪和新东方用教书育人的本心,用身体力行的实践,试图从一个侧面探寻解开这道社会问题的方法。

2002年起,新东方在中西部贫困山区捐建希望小学,累计已有上万名孩子从中受益。

2007年,新东方出资5000万元与中国共产主义青年团中央委员会、中华全国学生联合会共同设立"中国大学生五四奖励基金——新东方自强基金",激励青年学子自立自强,累计已有万余人获得奖励。

2008年,新东方与中国民主同盟中央委员会联合启动"烛光行动——新东方教师社会责任行"活动,对边远地区的农村中小学教师展开义务培训。

2016年起,新东方资助乡村学校硬件、软件建设,改善乡村儿童教育教学条件,并支持中西部地区中小学建立公益图书角。

2017年,新东方联手好未来,合资一亿元成立"情系远山公益基金会",致力于用科技推动中国教育均衡发展。

2019年,由新东方创始人俞敏洪发起,新东方公益基金会支持的教育精准扶贫项目"我的大朋友——新东方乡村儿童一对一助学计划"启动。北方新东方公益基金会从全国新东方优秀教师中遴选出500名教师志愿者,在俞敏洪老师带领下,与来自西部乡村地区的500名儿童一一结对,开展长期帮扶,成为陪伴他们学习和成长的"大朋友"。

2020年,新东方集团党委与新东方公益基金会联合发起"阳光公益课堂"活动,面向新东方全国各学校所在地进城务工人员子女及需要帮助的学子们,提供免费的暑期线下班课名额。

俞敏洪也多次为教育公平问题建言献策。他曾针对改善异地高考门槛过高、利用信息技术促进教育均衡、完善流动人口子女教育政策、促进农村小规模学校发展、保障贫困地区儿童课外阅读、保障适龄残障儿童平等享受义务教育等问题提出自己的意见与建议。

每个孩子的出身背景与成长环境不尽相同,但是他们应该享有同样接受教育的权利,应该拥有通过知识改变命运的机会。借助高考改变自身命运的俞敏洪,最能做到感同身受,进而推己及人,他更加希望通过自己的呼吁和实践,让更多孩子因为学习知识而收获更好的人生。

一个坚韧自如的实干家

2021年7月,"双减"政策落地,受其影响新东方营收锐减80%,叠加中概股风波的影响,新东方美股和港股市值蒸发90%以上,俞敏洪面对的压力可想而知。本该进行止损和自保的时候,俞敏洪再一次做出了一个不符合商业逻辑的决定。新东方各地学校退租后,留下来很多崭新的课桌椅,这些课桌椅原本是为了让孩子们能有更好的学习环境而专门定制的,可以根据身高调节高度,并将桌角加工成了圆角避免他们磕到头。俞敏洪把留下的8万套价值近6000万元的课桌椅全部捐献给了乡村学校。"穷则独善其身,达则兼济天下",已然是很高的精神追求,而俞敏洪在自顾不暇之时,仍凭着一己之力关怀弱者的格局,始终将教育优先于商业的境界,引发全网的尊重和赞叹,新东方也被迅速推上了热搜。

俞敏洪说:"对于做教培行业的人来说,打击是明显的,但是现在必须响应国家的政策不能去做了。我接受了对教培行业纠正的这样一个政策,我也从心里愿意来调整新东方的业务发展方向。大家都知道调整本身就是一个比较艰难的事情。比如说,要有足够的经济实力调整,要退掉各种教学点,要辞退大量的员工,要退还家长和学生的学费。但更加重要的是,面向未来调整的时候,你对业务中原本包含的价值观和意义,到底还有没有信心。新东方现在的一些业务都是国家政策允许做的，我也认为国家在政策范围内依然会支持教育的发展、培训机构的发展，因为它必定构成了中国教育的一部分，也是中国经济的一部分。'双减'政策是教育的变革，更是新东方的变革。"

一个事业能否成功受诸多因素影响，但最重要的还是事业背后的那群人。俞敏洪是一个有大智慧、大襟怀的人，无论是物质财富还是精神财富都非常丰富，他把教书育人的灵魂转化为商业运维的哲学。他的本真产生了强大的磁场，能够吸引真正同频的人，即使遭遇高风急浪，仍然不离不弃，共克时艰。

面对业务的急停调整，俞敏洪没有驻足惋惜、踟蹰不前，而是迅速收拾行装，重整旗鼓。随着东方甄选的如火如荼，董宇辉、孙东旭等一批情怀主播迅速出圈，与其说新东方老师转行做了直播带货，不如说是他们还是做了直播讲课的本职工作，教授精神食粮的同时，顺带附上物质食粮。短短半年时间，东方甄选就俘获超2000万个粉丝，一跃升为抖音直播店铺的销售冠军，新东方的股价则一路攀升，港股最高点较最低点大涨16倍，美股这一数值更是高达36倍，创造了现象级的翻盘奇迹。

新东方从最初的使命——成为中国优秀的、令人尊敬的、有文化价值的教育机构，逐步转向如今的助力乡村振兴、以内容驱动为核心竞争力的"自控供应链+全网多渠道"的消费品牌。因为新东方的底蕴，更因为俞敏洪的底色，让消费者为新东方打上了诚信可敬、责任担当的印记，也为其之后通过东方甄选成功转型奠定了基础，赢得市场的同时，更赢得了人心。

时代的转身与新东方的转身，就像一场华尔兹舞会，在新时代序曲下，开启新的篇章。

一个践行家国情怀的企业家

自古以来，读书人一向都是家国情怀的践行者，范仲淹、辛弃疾、王阳明等，不胜枚举。北宋思想家张载的名言"为天地立心，为生民立命，为往圣继绝学，为万世开太平"，被称为"横渠四句"，也被视为士大夫精神的最好诠释。西南联大时期，在威胁恐吓的重压下依然坚定弘扬爱国精神的闻一多先生，在密集的空袭警报下依然潜心著出《堆垒素数论》的华罗庚先生，"两弹一星"的功勋科学家邓稼先等八位联大校友……无论是声名显赫的先生、大家，还是他们为国家培养出来的栋梁之材，无不展现出民族的大义、无畏的担当、救国的抱负。正是读书人的崇高境界，铸就了教育史上的传奇，引领积贫积弱的中国迈向了新的时代，而那段群星闪耀、风华绝代的岁月，也将永远被世人追忆。

或许是教育者与企业家的双重身份，让俞敏洪自觉肩负起了更多的时代责任。他曾说："一个自私的、只关注自己利益的人，不管你多么成功，都不能叫作精英。在中国社会，真正的新精英的定义是'既能够自我成长，又同时能够帮助这个社会进步的人'。社会这件事情不仅是指中国，还包括世界。精英人物必须有大的担当和责任，然后再跟自己的发展相结合。从这个角度来看，中国现在所有的企业家都很难说是精英人物,因为大部分企业家都只关注自己的企业成长。中国的企业家也喜欢忧国忧民,当然,忧国忧民的本质是很多企业家为自己的企业安全担心。因为你忧虑自己的企业,就会要求国家制定一系列的保证民营企业健康发展的政策和制度,这些政策和制度的健全就推动了中国企业的发展。我觉得这也算是好事。"

2018年4月,在北京大学迎来建校120周年校庆之际,俞敏洪为母校捐赠了5000万元设立"北京大学新东方教育基金"。他在演讲中说,北京大学历史上曾涌现出许多学贯中西的大思想家、大学者,比如朱光潜先生、季羡林先生等,他们引领了中国的思想和发展,产生了深远的影响力。希望教育基金可以从两个层面发挥作用:一是引进或内部发掘、培养出真正引领型的学者,解决他们的衣食之忧,使他们可以专注于思想的研究和发展;二是选拔出真正有才华、有潜力的学生,让他们有机会接受国际上最优秀、顶级的教育,以培养出具有广阔文化视野的高素质人才。

论及终局思维,俞敏洪说:"最初我留在北京大学是为了稳定的生活,后来做新东方是为了能够有点钱。有了钱以后突然想起来还应该有点情怀,所以开始把新东方往情怀方向带。当然,商业模式我也没有忘记。后来新东方上市了,我慢慢就发现自己越来越有社会责任感,想要自己获得利益,就必须有益于社会、有益于他人。后来有意识地希望自己能够为祖国的繁荣做点事情。那么到此为止,我开始有了点终局思维。这个终局思维就是我觉得一辈子应该做的事情,比如说传播知识、提供正能量。在这个基础上,不管通过慈善还是通过其他手段,能够为社会做点事情,我就尽量去做。如果说我的文字或视频能给老百姓带来快乐和启发,我也很愿意。"

格局决定眼界,而德行决定格局。正是利他之心,让俞敏洪超越了常规的商业思维,在价值与意义之间找到了完美的平衡点,成为时代企业家的一面旗帜。更重要的是,那些因为他而改变命运的人,也在发散更多的能量,影响着更多的人,由此汇聚成更大的力量,潜移默化地改变着国家,甚至改变着世界。勿以善小而不为,利他也终将利己。

当下,我们又一次站在世界之大变局的路口,每一个拥有家国情怀的企业家,都是不可或缺的力量源泉,示范与引领的效应是巨大的,"点滴微光,可成星海"。期待中华民族的复兴之路上,能有越来越多的企业家撑起"家"这个字,时代呼唤更多中国精英。

第三节

品牌人要敢于"真""争""征"

⊙ 品牌人要敢于说真话

品牌似乎是任何人都能说几句的领域,常常会有不同专业的人从各自维度谈品牌。

有个相声段子是这样描述的:"比如我和火箭专家说,你那火箭不行,燃料不好。我认为得烧柴,最好是烧煤,煤还得是精选煤,水洗煤不行。如果那科学家拿正眼瞧我一眼,那他就输了。"这样的非专业人士,就像一群连门都没见过的门外汉,却敢于振振有词地指点江山。无奈的是,类似现象在品牌领域已是屡见不鲜。科学家并没有义务向非专业人士解释,但品牌人有责任。因为打造品牌是个系统工程,是全员都得参与的事,是必须统一认知的事,所以品牌人必须清晰地解释,勇敢地表达,要服务于企业，更要服从于专业。

我曾在一家中型企业任职，试用期期间，经过认真调研，我提出了品牌三年发展规划。初衷是突破外资品牌围堵，打造民族品牌优势，因为预算不及同行业，必须打破常规、借势发力，用小成本事件获取更高的品牌声量。当时董事会的每一个成员都极力反对，因为这个规划打破了行业此前的惯常做法，超出了他们的原有认知。但我坚信这是一个最好的机会，推动该规划才是真正对品牌和生意负责。抱着试用期就走人的决心，我据理力争，曲线救国，终于获得尝试其中一个项目的机会。说真话做实事最终换来真实效，尝试的效果超出期待，后续规划也有了落地的可能。经过三年的品牌运作，搅动了行业原有的竞争格局，成为对手研究和跟随的标杆。

品牌人要敢于争担责任

很多公司热衷于开会，无论大小事项都召集大范围的人员参会讨论，又尤其热爱建群，每个员工的手机里恨不得都有百十个工作群。其实，大事、大方向由高层确认后，具体的操作注意事项交由专人负责落实，效率才能最大化。而凡事都要开会的人，要么能力有限，要么害怕担责。居高管之位，却不谋高管之职。都想着岁月静好，谁来负重前行呢？

2013年底，我负责推动中粮集团春节营销的整体策划，这是历年来规模最大的,也是参与品类最多、创意形式最难落地、线上线下联动最为繁复的一次营销推广活动,涉及粮油、肉食、酒类、茶叶、乳业、商业地产、自有购物网站等众多业务单元,涵盖数十个消费品牌。"中粮,让年更有味道"的主题方案出炉后,我与直属上级一起向集团分管领导汇报。听到方案的执行难度,领导随即问,结果谁来负责?既然由我策划执行,结果当然由我承担主要责任。在我正要表态的瞬间,站在身旁的上级突然向后退了一步,说道:"严桢负责!"上级退后的一小步,是我前进的一大步!惊诧的同时,我笑着立下了军令状:"做不好,我辞职!"接下来一个月的时间里,我和团队几乎每天熬到凌晨两点,为我承担的责任全力付出。最终我们打造出颇具影响力的标杆案例,许多知名品牌相继仿效延伸,也成为多年来中粮集团春节推广活动一直坚持的主题。更让团队骄傲的是,一向对品牌要求严苛的宁高宁董事长,难得地给予了高度评价。

品牌人要敢于征服挑战

曾经四年的军校经历在一定程度上塑造了我的职业风格。在战场上"最巩固的防御就是进攻,而进攻的成效取决于进攻者的战斗意志。"回到职场上,墨守成规看似是最安全的,其实不进则退。商场如战场,品牌人需要不断征服过往的成绩,征服自我的舒适区,征服看似不可能的挑战。

2016年冬，我加入碧桂园集团不足半年，接到时任副主席杨惠妍交代的一项紧急任务。原碧桂园教育集团拟更名为博实乐（英文：Bright Scholar），计划次年上市。为配合整体上市计划，需要宣发全新的品牌标识。最初的项目负责人已经带领国内一流设计团队密集工作了数月，方案也反复修改提报了数十稿，但迟迟无法获得高层认可。我接手时，项目截稿日期已进入倒计时，留给我的时间只有短短半个月。标识设计虽属于品牌领域的工作，但品牌人通常只负责规划定位与理念、规范风格与调性。最终的呈现，必须依靠设计与美术专业人士落笔完成。突然需要解决具体的设计问题，大幅超出了我的专业范畴，而时间又如此有限，确实是一个不小的挑战。我并没有急着第一时间召集团队讨论，而是集中精力专注揪出项目症结所在。博实乐的品牌理念是通过更好的教育带给孩子们更光明的未来，而之前方案明显缺失与教育产业的本质关联，导致缺乏品牌辨识度。从这个症结突破，我迅速找到了灵感：博实乐英文首字母B，换个角度，把它当作一个图形来观察，惊喜出现了！图形B右侧部分的曲线，正好形似一册展开的书籍，更可以延展为一只翱翔在知识蓝天上的海燕。这个灵感精准地击中问题本质：取自博实乐的基因，又完美关联教育属性，并为品牌理念的拓展提供更多可能性。于是我按照这个极为可行的方向，立即布置团队落实设计、美化及丰富涵义的任务。一周之后,第一稿方案出炉,首次向副主席汇报即获得认可。感谢杨惠妍副主席给予我充分的信任,也正是这份信任,让我有勇气征服这项与时间赛跑的挑战。博实乐教育集团于2017年如期登陆纽交所主板。图1-1为博实乐品牌标识。

图1-1 博实乐品牌标识

第四节

品牌人的自我修养

大品牌之所以被更多人信赖，是因为大众愿意相信，它们没有动机故意作恶，万一遇到敢挑战底线的品牌，市场反噬的威力也将是巨大的。即使并非主观意愿而犯错，仍会遭遇信用危机。品牌其实为企业建立了一条底线，做品牌就是发掘企业向善的方方面面，凝练成品牌语言传递出去，建立知名度只是第一步，打造美誉度和忠诚度才是最终目标。那些引发无数共鸣的经典品牌广告，往往聚焦于人性的闪光点：关于爱，关于梦想，关于勇敢，关于坚持……

品牌人的底色也应该是向善的，要有一双发现美的眼睛，要想把事做好，先得把人做好；要想打动他人，先得打动自己。

品牌领域是众多学科的大集合。第一是心理学，在品牌领域又分为消费心理学和管理心理学，前者涉及如何更好地洞察消费者需求，如何更有效地传递品牌信息，后者涉及如何更好地与企业家沟通，如何更好地管理团队和合作伙伴。第二是营销学，涉及如何更好地理解产品、价格、渠道等环节与品牌的关联。第三是军事指挥学，从作战的思维理解品牌的运作与投入产出，涉及如何用最小的代价取得最大的战果。第四是美学，涉及如何提升品牌的审美趣味和格调。第五是哲学，涉及如何看待变化与本质，如何衡量短期利益与长期利益，如何识别术与道。

品牌人是多种角色的综合体，好的品牌人在努力成为专家的同时，也应该尝试成为杂家。

品牌人与企业家的沟通：换位思考

有个著名的"30秒电梯理论"，即需要在电梯运行的30秒时间内，向对方清晰地阐明自己的观点。企业家的日程非常忙碌，品牌人要主动"管理"与企业家的沟通方式，提升他们对于品牌的决策效率，确保品牌方向的正确性。

品牌层面谈生意

企业家看待品牌是一体两面的，除了承载企业的远期愿景，更重要的是助推当前的生意发展。品牌人需要随之切换角度，站在企业家的立场讨论品牌。经营品牌的每笔预算都是一笔投资，虽然无法直接换算费效比（费效比一般指投资回报率），但品牌人需要全面地说明可以通过哪些维度帮助生意增长，而不能只站在所谓的专业视角,依赖数据研究与模型评估,分析推导出来一个看似有效的逻辑方案。品牌的核心绩效指标不是一个口号或者一波广告,也不是点击率、到达率与千人成本,而是切切实实对生意的拉动,对行业和消费者的影响力。

协同层面谈价值

打造品牌是个系统工程,年度推广规划会涉及战略、研发、生产、销售、采购等几乎所有部门。大到品牌并购、新品研发、年度预算,小到事件营销、合同招标、渠道物料,都需要跨部门的通力合作。因此,沟通协同是品牌人最重要的工作之一。确保项目启动前首先能达成跨部门共识,创造出协同价值,那么企业家在做决策时就会更有信心。久而久之,品牌部门自然有更多机会成为牵头部门,赢得更多其他部门的认可与配合。

超前思考创惊喜

能成为企业家的人,自身就具备很强的学习与复盘能力。这就要求品牌人要更快速地迭代自己的知识和信息体系,如时代大势、行业动态、技术升级、消费趋势、舆论导向等,从中不断研究和判断,这些信息对于企业的价值是什么?对于品牌的影响是什么?学会超前思考,才有机会与企业家同频交流,思维碰撞的过程有可能为企业带来全新的赛道和生意机会。

永远准备 Plan B

没有一个方案会万无一失,而企业家只要求呈现百分百的结果。计划赶不上变化,执行计划时永远都有意外。不存在全部准备好的完美方案,不存在完全按照剧本发展的剧情。规划再好,执行总会出现偏差,当遇到突发事件的时候,要求品牌人能做到应对自如。这份保障就来自提前准备 Plan B,即在预算差不多的情况下,可迅速替代原计划的解决方案。

助力塑造品牌官

可能有一些企业家并不擅长向外界讲述自己的品牌故事,描绘品牌未来的发展目标。这个时候就需要品牌人在深度理解企业家的基础上,站在他的高度,运用他的语言,描述品牌愿景和定位,讲好品牌的核心故事,并且通过专业补足短板,完善品牌支撑体系,让品牌立得住,让品牌官形象也立得稳。

品牌团队的打造：利不可寡，谋不可众

利不可寡，首先得创造利

品牌负责人的首要任务就是带领团队创造价值，计划精准且能顺利通过，项目执行产生超预期价值，企业家满意，协同部门认可，才有了创造价值的第一步。唯有如此，团队才能拥有持续的参与感和成就感，进而激发凝聚力和创造力。创造价值的第二步是不断打造业内标杆案例，持续提升公司品牌影响力。只有为公司创造价值，团队人员的升职加薪才能水到渠成。我曾管理过一个团队，接手时部门存在感很低，员工的级别也很低，级别最高的是一位经理，已经服务企业12年了，可见企业对品牌部门的认同度之低。三年后，因为公司的认可和褒奖，这个团队已经有两名总监、多名经理。人力资源部门反馈说，集团从来没有升这么多又这么快的部门。让团队感到自豪、获得成长和被尊重感，才是管理者追求的境界吧。

谋不可众，首先要敢担当

狼性团队取决于领头人具备头狼胆识，亮剑精神取决于负责人敢于亮剑，品牌负责人必须敢于决策，只有负责人想清楚了，谋划好了，才能为团队指引方向。有些团队过分依赖头脑风暴寻找思

路,这样的会议形式多数只有风暴没有头脑,浪费了大量时间反而没有产出。有时候把握良机比细节完美更重要,不能用战术的勤奋来掩盖战略的懒惰与无能。我反对冗长又低效的讨论,我的团队开会只解决问题,多半限定在十五分钟,最好不超过半个小时。我也反对无效加班,真正的敬业和专业是在有限时间内超额达成绩效,企业雇用的是经理人的专业价值,而不是工作时长。

"混"职场不是混日子

就职中粮时,我有幸跟随过一位非常值得敬重的领导——时任集团办公厅一把手的殷主任。他曾这样解析混职场的"混"字:每一日比前一日多流三滴汗水。"行动如风、热情如火、心细如发、和谐如一"是他的十六字管理口诀。师承于他,我这样要求团队:快速响应、积极主动、关注细节、心怀团队。虽然分工不同,但要有补位意识,参与学习他人的领域,才能成为一个更高级别的管理者。我常和团队说,只有把每一天都当作是在这个企业的最后一天,做得好才能留得下,那么才会拼尽全力,无愧于自己。

倾听 Z 世代

很多人说职场越来越内卷了,Z 世代后浪已经奔涌而来,但是对于品牌领域,Z 世代必须成为主力军。因为他们自身就是新时代的创造者也是消费者，有谁能比他们更了解自己呢？面对更有个性、更有主见的年轻人，只能引导不能说教，更重要的是要学会倾听。B站与小红书是他们钟爱的平台，脱口秀与剧本杀是他们的社交密码，玩转新国潮是他们的新风尚，倾听他们的声音，对于了解这个快速变化的时代，尤为有益。

出走与出发

经常有想要离职的朋友咨询我的意见，通常我会说：出走是情绪，出发是征程。如果仅是因为对当下境遇不满就要离职，那么就要慎重，否则很可能会为情绪买单，陷入下一次的出走循环。如果是对未来有明确的规划，那么就踏上征程吧，有目标才能坚持前行。我曾有一位助理，大学毕业后进入公司，负责我的日程安排并督促团队进度。她每天不是只盯着自己的Excel，而是会主动点开团队提交的PPT。大家开会的时候，她有空就进来旁听。几年后她跳槽至另一家行业领先的公司，从助理岗转为品牌专业岗，薪资翻了近3倍。她发现自己对新工作可以应付自如，因为之前了解学习过别人是怎么处理这些工作的。我问起面试是怎么通过的，她回答说："我和考核官说，我不是一般的助理，你们可以上网搜索我的老板严桢。"我听后捧腹大笑，这个借力用得好啊，深得品牌运作的精髓。

品牌人与合作伙伴的互动：多赢至上

合作伙伴的心态

品牌人与乙方打交道的机会非常多，也常常成为段子里被吐槽的对象。大概有两种原因，一种是专业能力不足，下达了不可能实现的任务，比如要求对方策划一个超越《超级女声》的案例、复制一个鸿星尔克的事件，再如"既要、又要、还要"；另一种则是工作态度问题，比如摆出"甲方"的姿态，在乙方修改十稿之后选择最初达标的第一稿。我个人不大喜欢"乙方"这个称谓，更愿意用"合作伙伴"来称呼，在与之共事时也尽量追求多赢的格局——企业赢得收益、团队实现成长、合作伙伴获得成就感。

甲方引领乙方

在我的从业生涯里，年度规划、传播策略、创意方向基本由内部主导。我认为，甲方的工作原则是引领乙方，而不是一味依赖。首先，自己必须想清楚，项目目标是什么、策略是什么、验收标准是什么，只有任务下达清楚了，效率才能提升。如果指望对方比自己还了解企业和行业，给出一个大的创意、大的惊喜，多半得不到想要的结果。神来之笔的灵感和创意，可遇而不可求。

遇强则强

拥有优势资源的IP方一直就在那里，为什么企业没想过合作呢？有以下几种可能。第一种是资源方没有意识到自己具有商业价值，从未尝试过商业合作，其商业价值是被企业挖掘出来的，就如蒙牛是航天事业历史上第一位合作伙伴。第二种是大多数企业认为资源方价值有限，就像《超级女声》，起初很多企业并没有看好它的商业价值，蒙牛酸酸乳是其第一个冠名赞助商，当时的《超级女声》反而需要借助蒙牛酸酸乳巨量的产品包装和广泛的销售渠道帮助其推广节目。第三种是资源方太强大了，只有大企业能匹配，中小企业没有自信能入得法眼。这时候就考验中小企业的谈判能力了，能否准确地抓到资源方关注的核心问题。谈得好，既能抢占对手拿不到的资源，又能赢得资源方的尊重。通常情况下，我谈判时不会强势，但是遇强则强，因为只有你勇于争取，企业和品牌才有赢的概率。欣慰的是，我的职业生涯中曾有几次以小博大的成功经历，之后的品牌故事中再细细道来。

第二章

站在时代的风口做品牌

第一节

识大势 谋大局

南宋陈亮在《上孝宗皇帝第三书》中写道:"天下大势之所趋,非人力之所能移也。"

什么是时代大势?科技自主、体育强国、文化复兴是战略大势,国产替代、乡村振兴、新能源是市场大势,而消费者自信、企业自律、国家自强三者共同塑造出品牌营销大势。

识大势,顺大势,就像一艘大船想要抵达广阔的大海,如果沿着江河的主干顺流航行,方能行稳致远,而如果误入江河的支流,也许只能到达湖泊,甚至搁浅。这对企业而言并非易事,需要掌舵人具备前瞻性的战略眼光、系统性的能力建设,找到江河的主干,建造坚固的船体,才有机会乘时代之大势,乘势而发,乘势而起。

谋大局,站在空间的维度,就是要有整体观、全局观。站在时间的维度,就是要立足品牌的长远发展。用军事思维来思考,就是高举目标旌旗,集结优势兵力,寻找先机突破,预设对手的攻防策略,随机应变,既打出奇制胜的闪电战,也打轮番进攻的持久战。

中国人的体育强国梦

2008年北京夏季奥林匹克运动会,圆了中国人的百年奥运梦。如今再次重温,仍然心潮澎湃。

北京夏奥会创造了诸多历史之最:圣火传递时间最长、距离最远,并首次登上世界最高峰珠穆朗玛峰;全球近四十一亿观众收看了电视转播,创奥运转播史上最高纪录;中国队奖牌总数超越历届并首次位列金牌榜榜首。

"同一个世界,同一个梦想",无与伦比的开幕式,让全世界叹为观止,宣示着泱泱中华,5000年璀璨文明,重新走向世界舞台中央。国际奥委会前主席萨马兰奇评价说:"北京奥运会是所有奥运会中最好的一届奥运会。"

如果说还有唯一的遗憾,或许是当时中国队的比赛服和领奖服并不是中国民族品牌。

14年后,这份遗憾终于由安踏画上了圆满的句号。2022年北京冬季奥林匹克运动会,安踏成功取代外资品牌,在中国队身披的战袍上烙上民族品牌的骄傲。身着安踏的冠军龙服登上最高领奖台的奥运健儿,在世界竞技舞台上展示了中国式的更快、更高、更强。

顺应大势 长线蓄力

自从有了我们自己的体育服装品牌，本土的运动品牌市场便进入风起云涌的时代，不断上演你方唱罢我登场的剧情。而在众多参赛者中，最终脱颖而出的安踏，截至2022年3月其营收规模已经连续10年稳居本土运动品牌第一。它现身说法讲述了如何识别大势、顺应大势，如何与时代共舞，如何用品牌创造体育商业帝国的传奇。

从2009年起，每年8月8日为"全民健身日"。2014年10月，国务院印发了《关于加快发展体育产业促进体育消费的若干意见》。2019年9月，国务院办公厅印发《体育强国建设纲要》，文件提出：到2035年，经常参加体育锻炼人数比例达到45%以上，人均体育场地面积达到2.5平方米；不断满足人民对美好生活的需要，努力将体育建设成为中华民族伟大复兴的标志性事业。

中国体育用品市场已经进入黄金时代：14亿人口的全民健身热潮，将带动万亿规模体育装备产业的井喷式发展；数据显示，"95后"中国消费者在2019年已经占据了中国运动鞋服四分之一以上的市场份额，这一人群的销售额增长达到整个市场的1.7倍，他们对于国货品牌的喜爱程度与日俱增；从1984年洛杉矶奥运会金牌"零"的突破，到北京双奥会的举国沸腾，作为体育强国梦的精神图腾，奥运会在中国的热度一路攀升，成为各大运动品牌长久以来的营销高地和必争之地。

如果把运动品牌的竞争看作一场漫长的比赛，安踏就是赛道上一名奉行马拉松主义的长跑者。如果探究这样坚守的缘由，则来自安踏对中国体育产业政策、对中国本土体育市场、对奥运营销战略的深远理解，顺应大势者方得大市场。

安踏集团总裁丁世忠，有着闽南人"爱拼敢赢"的精神，更有着体育人永争第一的气魄。"中国代表团的装备，用的是国外品牌。作为一个中国运动品牌，是有多伤感、多遗憾！"2008年，当丁世忠发出这样的感言时，安踏就迈上为中国体育精神代言之路。

2009年6月，安踏正式成为中国奥委会官方合作伙伴。如今，安踏作为连续第7届中国奥委会官方合作伙伴，与中国奥运代表团一起走过了3届夏季奥运会、3届冬季奥运会，累计为28支中国国家队打造比赛装备，是为国家队打造奥运装备最多的中国本土运动品牌。

2022年北京冬奥会，谷爱凌横空出世，勇创纪录，这个成为全世界焦点的奥运冠军，正是安踏早早签下的代言人，世界也看到了中国品牌安踏的崛起。北京冬奥会，中国队斩获15枚金牌，安踏赞助支持了15个大赛项12支中国冰雪国家队，位列各大运动品牌之首。安踏为国家队提供全系列的装备服务，包括运动员室内、室外领奖服、闭幕式出场服等，还为冬奥会服务人员提供工作制服。

据天猫2022冬奥营销数据统计，唯有安踏实现逆势上扬，成交额同比大涨35%，冬奥国旗款系列产品尤受青睐。综合天猫、京东、抖音三大主流电商平台数据，安踏GMV排名稳居行业首位。第三方数据显示,安踏位列奥运心智关联度全行业第一,实现了奥运资产的品牌价值沉淀与转化,其品牌价值也得到了进一步重估。"2022年凯度BrandZ最具价值中国品牌100强"排行榜中,安踏以33.99亿美元的品牌价值,位列第62,成为该榜单发布以来,中国服饰行业中唯一连年入选的企业,并连续四年蝉联服饰行业第一。

2021年,由于外资品牌错误地卷入污名化新疆棉的风波,导致中国区销量暴跌,股价应声下挫。借势积累多年的奥运资源以及Z世代对民族品牌的喜爱,中国品牌的代表安踏,2022年上半年实现259.7亿元的营收,同比增长13.8%,体量相当于1.1个耐克中国、2.1个阿迪达斯中国,坐上中国运动用品市场年中盘点的头把交椅。400亿美元的市值之路,耐克用了46年,阿迪达斯用了68年,而安踏只用了29年时间。

科技自主 苦练内功

面对与国际品牌的竞争,质量已经成为最低门槛。好产品是品牌的基础,技术则是产品升级的翅膀。

2005年,安踏赞助CBA时提了个要求:要CBA球员穿安踏的篮球鞋上场打球。但这个条件遭到了运动员的集体抵制。原因很简单:运动员穿惯了国外品牌,害怕更换装备影响比赛成绩。给钱又给鞋,却被打脸,丁世忠气得几宿没睡着。技术短板这个事实,也让丁世忠意识到,只有实现技术突围,才能打破中国体育市场长久以来被外资品牌钳制的格局。

同年，安踏斥资近千万元成立了行业内首家国家级运动科学实验室，致力于运动产品核心科技的研发。要知道，2005年安踏的营收刚刚突破3亿元，2004年甚至还处于亏损状态，如此大手笔的投入可见其雄雄决心。数据显示，安踏近年来的研发投入持续增加，从2015年的3.08亿元上升到2020年的8.71亿元，近10年的科研投入累计约30亿元，远超国内其他运动品牌。

凭借这股子韧劲，从创建安踏运动科学实验室至今，安踏获得了超过1400项专利，是拥有专利最多的中国运动品牌。与此同时，公司在中国、美国、日本、韩国、意大利建立了五大设计研发中心，并且同清华大学、北京服装学院、北京体育大学、厦门大学、中国标准化研究院等国内顶级科研机构展开产学研合作，从基础研究到产品开发，安踏都是行业的引领者。

现代奥运会也是一场科技的较量，在硬实力上持之以恒地耕耘，让安踏成功打破奥运比赛装备被国外品牌垄断的局面，也收获了中国奥运健儿的普遍青睐。谷爱凌穿的滑雪服来自安踏，拳王邹市明的战靴由安踏打造，武大靖在平昌冬奥会创造世界纪录时也身着安踏战袍……据统计，借助安踏打造的硬核科技装备，中国运动员在世界各项大赛中累计已斩获超过120枚金牌。

抓住双奥机遇，让科技普惠每一个爱运动的人，让普通人也可以穿上奥运同款装备。安踏开发出以氮科技、冰肤科技、炽热科技为代表的"奥运科技"大众产品矩阵，用黑科技和新国潮吸引着越来越多年轻消费者，成为Z世代的心智之选。

敢于重金投入科技攻坚，勇于数十年如一日坚持不懈，安踏成功用科技赋能品牌，这是时间给予长期主义者的丰厚回报。

与时俱进 乘势而为

技术的提升带来产品的自信，更迎来了企业的快速发展。中国企业的全球化大势如期而至，当丁世忠喊出"不做中国的耐克，要做世界的安踏"的口号时，中国品牌已经开始在布一场世界品牌的大棋局，安踏开启了海外品牌收购之路，不断迈开国际化的步伐。

目前，安踏收购的子品牌已经超30余个，其中最为典型的是2009年从百丽手中收购了FILA在中国的专营权和商标使用权，这是安踏进入高端市场的敲门砖，也是公司业绩增长的第二曲线。财报显示，2019年，主品牌安踏和FILA两个品牌占比分别为51.4%和43.5%，是营收贡献的主力军；2020年，FILA营收贡献率达到49.1%，反超了主品牌安踏的44.3%。

随着FILA的成功，安踏继而收购了Sprandi（斯潘迪）和Kingkow（小笑牛）、始祖鸟、萨洛蒙、威尔逊等中高端知名户外运动品牌。不断扩充的国际品牌队伍，让安踏的经营利润不断上涨，也让安踏成了产品矩阵完整、专业运动与时尚休闲品牌一应俱全的国际化体育用品集团。

在企业的发展历程中，安踏秉承"专业为本、品牌向上"的核心策略，打好奥运牌，拥抱Z世代，以专业精神不断创新，以长期主义聚势谋远,一步一个脚印,安心踏实地前行。

乘体育之势,修科技之功,跨国际之路,安踏在时代风口来临之时,总是能够敏锐地抓住机遇,沉稳地顺势腾飞。安踏以更高的格局、更大的智慧、更强的胆魄,创造了一部令人惊叹的民族品牌逆袭史。

"国运兴则体育兴",新国潮与新国货欣欣向荣,在体育强国之路上,新时代浪潮下,擅于识大势、谋大局的中国安踏,终将成为世界的安踏。

请回答 2015

2015年，财经作家吴晓波写了一篇文章《去日本买只马桶盖》，引发社会各界对于中国制造的反思。是国产技术造不出智能产品吗？还是本土企业制造的品质不行？是国人对洋品牌的盲目崇拜吗？还是他们对国产品牌的固有偏见？无论理由是什么，当时该事件让"中国制造"和"智能卫浴"迅速进入大众视野。

时隔三年，我于2018年5月加盟九牧卫浴，担任品牌副总裁。那个时期卫浴产业品牌的形象，基本都是企业自说自话式的视角、产品以技术功能卖点为主的单一宣传模式，彼此之间看不出明显的差异。当时行业的广告画面，差不多是清一色的夜色、美女、香槟、浴缸。虽从品牌角度来说，用"香艳"来形容卫浴，其实远离了制造业的核心和消费者的真实需求，但这也的确是那个阶段特有的行业认知。

本土企业应该怎样突围呢？想要找到答案，先得厘清问题。第一层级的问题是：什么是中国智能卫浴？谁能代表中国制造？第二层级的问题是：如何成为中国智能卫浴的领军品牌？如何帮助企业谋划一个未来数年持续有利的占位？

识别大势 谋求先机

我的思路是识大势者谋大局。

首先纵观政策大环境。

第一，2018年起，5年中的4年都有难得一遇的国家盛事，将有力推动民族自信与复兴的进程，依次为2018年是中国改革开放40周年、2019年是中华人民共和国成立70周年、2021年是中国共产党成立100周年、2022年举办北京冬奥会。第二，国际形势注定贸易战不可避免，国家对于创新的要求越来越高，科技自主是发展必由之路。第三，乡村振兴、消费升级、厕所革命等政策发布，为企业发展和市场机会指明了方向。

其次再观行业和市场环境。

第一，当时很多中国人还没用过工业马桶产品，高端智能产品在中国普及率还不足2%。面对上亿家庭的刚需，面对潜力巨大的智能升级需求，本土品牌应该抓住机遇快速成长。第二，外资品牌长期主导高端卫浴市场，但消费者对于中国制造的认知逐步加深，对于国产品牌的好感也日益提升，正如中国家电产品成功取代外资品牌，本土卫浴企业也必须找到自身的崛起之道。

最后审视企业自身。

2018年，我所在企业的技术虽已做到国内领先，但由于特殊的行业属性——高频使用率、低频关注度，导致消费者只会在多年一次装修时，或者产品出现使用问题时，才会主动搜索卫浴品牌，因此消费者既不关注企业技术的价值，更无从认知企业的实力。

品牌引领 借势突破

品牌是唯一的突破口！要为企业建立独有的民族品牌代表形象，要打破消费者的固有认知，重新定位企业，从基础产品定位升级到功能性品牌定位，再升级为中国智能卫浴领军品牌。打造一个有技术、有责任、更懂消费者，能提供智能卫浴解决方案，建筑"第三幸福空间"的品牌。

如何迅速又高效地实现以上设想呢？我的策略是围绕"民族智能卫浴第一品牌"这条主线，抢占最热资源，获取最强背书，领先布局，赢得先机，打响市场认知战，打胜行业阵地战。

第一，借中国地标之势：入驻顶级地标，开拓商用赛道。在我的推动下，2018年9月，我们成功签约鸟巢，成为其第一家也是独家洁具供应商。当时，北京是历史上唯一一个既举办过夏奥会也即将举办冬奥会的城市，而鸟巢正是世界上独一无二的双奥场馆，见证了民族走向复兴的伟大时刻。本土品牌的入驻，取代了原有的外资品牌，体现出鸟巢这个超级地标对于中国制造和国产技术的认可。这份民族品牌的自信，让我们打破了行业和市场的固有认知，也拉开了地标营销的序幕。2019年9月，我们又成功入驻北京大兴国际机场，成为这个全球最大机场的公共区域卫浴供应商，让来自全世界的游客都可以感受中国本土品牌的品质。依托最具代表性的商业地标，我们突破了外资品牌的围堵，顺利进入全新的商用领域赛道。

第二，借中国骄傲之势：携手奥运冠军，激发终端潜力。2008年北京夏奥会的巨大成功，让国人对2022年北京冬奥会寄予了无限期待。"带动三亿人参与冰雪运动"是北京冬奥会的宏大目标。如此全球盛事，各行各业的民族品牌佼佼者早已纷纷布局。国际奥委会官方赞助门槛，并非一般企业可以登临。对于中型规模的卫浴企业，该如何登上与世界500强企业同样的舞台？借力是唯一事半功倍的方法。相比官方赞助，牵手国家队的费效比最优。中国智能卫浴领军者的定位与中国冠军队的形象，尤为匹配。那么哪支队伍最有可能在2022年北京冬奥会拿下金牌，甚至拿下首金？整体实力强大的中国短道速滑队成为最佳候选，可口可乐、伊利、安踏等行业领导品牌均已与其签约。2018年10月，我们携手中国短道速滑队，成为其官方备战合作伙伴，并选择了其中三名最具代表性的队员作为形象代言人，包括短道男队历史上首金获得者武大靖，以及最具夺金潜力的任子威和范可新。3年又4个月之后的北京冬奥会，他们三人携手为中国队拼得首金，引发举国欢腾，团队也创造了两金一银一铜的佳绩。如今再回头看，当初的布局算是押中宝了！签约发布会的地点选在鸟巢，"奥运开幕式场馆独家供应商+奥运冠军之队合作伙伴"，强强联合，产生"1+1>2"的效果。此次签约引发体育界、营销界、行业圈、媒体圈的高度关注，诸多企业争相追随效仿。我们的品牌是历史上首次使用冠军代言，在广告和渠道中通过国家队形象来展示自身的实力，这对于提升品牌认知度，增强购买意愿和溢价能力，拉动终端销售都起到至关重要的作用。

第三，借权威传播之势：用权威之声，讲实力故事。信息传播讲求爆炸性与权威性，要谈民族品牌，要谈中国制造，必须选取最具公信力的媒体才有说服力。2019年5月，我们的品牌入选了"新华社民族品牌工程"，成为行业首家与其合作的企业，借助新华社全媒体资源打造民族智能卫浴领军品牌的形象。2018年至2021年，通过精心的话题策划，我们又前后6次登上央视新闻，包括《新闻联播》《焦点访谈》等重量级栏目的专题报道，其中《新闻联播》对企业的报道时长达2分17秒，成为行业内甚至同等规模企业中最长的一次。一系列的权威传播，配合事件发酵，引发国家相关部委、福建省政府的高度关注。他们多次走访企业，进一步引发了媒体和公众对于中国制造、对于智能卫浴的全新认知。我们的企业也从原来的区域制造工厂跃升为自主创新、坚守实业的民营企业代表，更成为福建智能制造优质企业的一张名片。

第四，顺国家战略之势：用公益之心，赢市场之信。乡村振兴、抗击疫情是国家层面的统一部署，结合产品特性和市场特征，我们联合新华社共同发起公益活动，积极承担社会责任。2019年9月，"乡村振兴 美丽中国"公益计划启动仪式在人民大会堂举行，并同步推出旗下民生品牌，希望为农村学校改善卫生环境，保障乡村孩子和留守儿童的身体健康。2020年初，我们第一时间援建了雷神山医院，又陆续在各大城市推出"全民守卫·健康中国"公益计划，积极拓展医疗、教育、交通领域的公共卫生区域改造工程，通过捐赠为相关机构提供产品和解决方案。一系列的公益活动，提升了品牌的美誉度，既为企业商用赛道带来了新的机会，也推动了旗下副品牌拓展三、四线市场的脚步。

第五，顺文化自信之势：弘扬古建之美，打响国潮营销。我认为文化营销是最高阶的品牌营销。文化自信是大势所趋，中国古代建筑不仅是历史的见证者，更是中华传统文化的骄傲，国家也多次就文物保护和文化传承做出重要指示。中国古建的顶级IP"故宫"早已出圈，成为炙手可热的国潮引领者。我们也观察到，部分古建景区的公共卫生区域并不符合自身庄严的形象，也算是游客体验环节的一大遗憾。2019年10月，经过一年半的品牌重塑，凭借企业的技术与实力的稳固占位，我着手策划古建文化营销。但这绝非易事，因为受到品类特性和企业规模的局限。经过多轮艰难的谈判，2020年5月，我们最终成功携手中国文物保护基金会罗哲文基金管理委员会，共同发起"古建美 中华魂"大型公益活动。目标是用中国风的设计，改造升级古建的公共卫生区域，既能提升游客的使用感受，又可以匹配古建的美感。为了拉满效果，必须马不停蹄，迅速铺开，打响声势。短短半年内，我们先后入驻了国民认知度最高的九大顶级古建、七大世界文化遗产，包括故宫、颐和园、长城、敦煌莫高窟、布达拉宫、大昭寺、云冈石窟、碑林等。不仅充分展示出品牌的公共空间设计能力与产品技术实力，更让文化的属性逐步注入企业品牌的内涵。这些热门古建每年接待全球游客量数以亿计，品牌也增加了上亿次的曝光机会。与此同时，我们还配套推出了以故宫和颐和园元素为灵感的高端定制产品，再度引爆行业话题。自此一战，我们的品牌火速出圈，引发地方政府、媒体、公众的广泛关注，品牌影响力、产品设计力、渠道推广力均得到大幅提升。

第六，顺数字经济之势：从中国制造到中国智造。随着5G的发展，碳中和目标的提出，数字与科技应用在中国制造业从可选项变为必选项。既然是必选项，那就要抢先出发。在产品制造端，我们联合华为、西门子等国内外高科技领军企业，共同打造智慧工厂，通过全面体系升级，逐步向智造转型，为企业科技和实力提供权威背书。2021年，我们做了一个特别策划，邀请吴晓波参观工厂并同步直播，让看不见的智能制造后端，变成看得见的品牌认知前端。这位中国制造领域的头部媒体人，正是六年前引发本土智能卫浴反思的首位媒体人，他身临其境之后得到了惊叹的答案。吴晓波评价道：从"去日本买只马桶盖"到"来中国看智能卫浴工厂"，时间仅隔六年，新格局的桅杆已出现在地平线上。

已回答2021

三年过去了，我们的品牌已经焕然一新。打造"中国智能卫浴领军品牌"是一个长期目标，三年时间算是比较圆满地完成了初级阶段的任务。即使受到疫情的影响，品牌销售额每年也均实现了两位数增长，增速位列行业之首；企业商用市场快速拓展，智能高端产品份额大幅提升；我们的地标营销、奥运营销、公益营销、国潮营销、直播营销等全部开创了行业先河，百度指数问鼎，超越所有外资品牌，品牌价值增长至原来的两倍多，登顶泛家居行业品牌价值排行榜第一位。

品效合一一直是我的追求。虽然我们的品牌费用远低于外资企业，甚至低于行业主要本土企业，但好的品牌运营模式不一定要通过硬广高举高打，更不依靠渠道终端的促销内卷，而是可以顺应大势、借助大势，为企业寻找性价比最优的换道超车之路。与国家同行，促进行业差异化竞争，承担社会责任，用品牌助力民族卫浴企业的领跑。

任期已满，我已交出自己的答卷。

第二节

民族品牌要与时代同频、与民众共振

Z世代消费者对于品牌和产品的要求越来越明确、越来越深入,他们更强烈地认为自己所选择的品牌会让自己与众不同,他们更偏向购买主张社会向善的品牌,更愿意支持有时代责任感的企业,更喜欢用消费行为表达自己的绿色环保立场,这就要求企业更领先地洞察新生代的变化,更敏锐地与大众共振共情。与此同时,国家对于品牌重要性的定位也越来越高,对于品质和营销的监管也越发严格,这就要求企业比以往更加自律。中国品牌日的设立,对于头部品牌意味着:不能再仅用企业和行业的标准要求自己,更要对标国际领先品牌;不仅要做强技术、做优品牌,更要承担国家赋予企业的时代责任。

做最好的产品叫作品质,做可持续的品质才有机会成为品牌,做与时代同频、与民众共振的品牌才可称之为民族品牌。如此之道,方可长久。

中国之"红",民族之"旗"

1958年,工人们在红旗车间敲响了希望之锤,填补了中国不能生产高级轿车的空白,承载了一个民族对工业制造的无限期待。中华人民共和国成立70多年来,红旗汽车作为重大国事活动专门用车,一次次伴随国家领袖检阅三军,成为大国崛起的见证者。

改革开放以后,舶来车成为市场新宠,红旗汽车渐渐沉寂。2008年,中国第一汽车集团公司曾启动"红旗复兴"计划,遗憾的是,并没有扭转局面。直到2018年,中国一汽红旗在人民大会堂发布"新高尚品牌"战略,喊出"中国第一、世界著名"的新目标,彰显了民族品牌重塑的决心,这才将蛰伏多年的红旗汽车重新拉回大众视野。

2021年,红旗销量突破30万台,创造出4年销量增长63倍的产业奇迹。复兴之路背后正是"与时代同频、与民众共振"的印证。消费升级、国潮崛起、科技自主的时代大势,推动着红旗加速向前,也为中国汽车品牌的蓬勃发展翻开了全新的篇章。

与时代同频,躬耕汽车强国的力与梦

汽车产业是制造工业的皇冠,红旗则被视为中国轿车产业的开端。然而,在过去很长一段时间里,红旗的生产大多依赖国外的技术和平台,自然也无法支撑自主品牌的发展。

只有掌握核心技术,坚持自主创新,才能摆脱掣肘局面,才

能加速红旗振兴。2021年,红旗品牌研发投入强度达15%左右,处于行业前列。过去5年来,红旗累计突破328项关键核心技术,其中多项成果打破国外技术垄断;累计申请专利12949件,2020年专利公开量行业第一,2021年专利授权量行业第一。围绕未来汽车产业的"新四化"——电动化、智能化、网联化、共享化四大方向,中国一汽迭代发布并认真实施《创新·2030中国一汽阢旗技术发展战略》,着力在前瞻设计、新兴能源、人工智能、5G应用、新型材料、新型工艺、智能制造等领域不断创新与突破。

当新能源上升为国家战略时,意味着汽车产业不仅要落实"双碳"战略目标,更成为国家解决能源与环境问题的全新赛道。红旗率先响应时代号召,投资80亿元打造新能源汽车工厂,采用国内首创的"高柔性生产线",集智能化、自动化、信息化于一体的数字化设备被应用于新型生产车间。

新红旗品牌与新时代浪潮同频,用行动践行了国策,用技术创新证明了中国智造的实力,踏上了国产汽车品牌扬帆起航的新征程。

与民众共振,从"国车"到"国民车"的跃迁

汽车产业一头系着中国工业的命脉,一头系着人民对美好生活的向往。中国百姓的"汽车梦"里,装着家庭的小康,装着孩子的笑容,装着幸福的未来。考验红旗的,不仅是技术与产品,更是品牌的塑造。

"国车"头衔让红旗有着与生俱来的知名度,但事物是一体两面的,"不接地气"的形象也让消费者对红旗产生了一定的距离感。

为了打破品牌在受众心中的固有形象,新红旗基于市场需求不断进行产品创新升级,目前已推出多款轿车和SUV,产品线覆盖了中高端市场。未来10年,旗下产品规划扩增至30款,以满足更多细分市场的需求。

加强产品研发的同时,新红旗也在发力品牌打造,将中国元素融入品牌的红色基因,传递新红旗的温度与情怀:聚焦新生代消费者,紧跟新国潮风尚,特别推出红旗H9+车型之敦煌版与故宫版;打造"陆空联盟",开创了汽车亮相中国航空展览的先河;助力中国冰雪战略,成为中国国家队"TEAM CHINA"荣誉座驾。

时至今日,红旗汽车不再只出现在国事庆典上,从北上广深到中小城市,大街小巷的"偶遇"已经变成"常见"。数据显示,红旗汽车私人消费占比超过90%,那些曾目睹红旗销声匿迹、心怀遗憾的中年人,那些民族自豪感、文化认同感升腾的年轻一代,正成为推动红旗复兴的主力军。

红旗从"国车"到"国民车"的进化,不仅是产品体系的迭代,更是从"以产品为核心"到"以消费者为中心"的转向,是经营思维与商业模式的重塑。从承担国家使命到承载国民幸福,代表"国"的红旗,同时也是走进"家"的红旗。

请大家理性消费

2021年7月，河南暴雨引发严重洪涝灾害。守望相助，风"豫"同"州"。鸿星尔克在其官微发布："紧急捐助5000万元物资，驰援河南。"鸿星尔克最初也无法想象，品牌一以贯之的行为，会得到山呼海啸般的回应。

事件起源于一位细心的网友，无意中发现2020年企业财报中鸿星尔克竟然是亏损的，亏损金额还高达2.2亿元！此次捐助金额与大企业比肩，完全背离经营现状，获得的关注却寥寥无几。巨大的落差瞬间激发了网友的"公道之心"，"感觉你们都快倒闭了还捐这么多""你们官微都舍不得充100元的会员，却舍得捐5000万元"。

热情的网友大批涌入鸿星尔克直播间，48小时内就贡献出超4.2亿次点赞数，超1.9亿元销售额的神话。与往日直播间里拼命推销的状况截然相反，鸿星尔克的主播们一直在提醒网友理性消费，并主动承担无理由退货的运费险。理性劝导居然起到了反作用，换来网友的"别理他，直接买！"段子手们纷纷发挥"造梗力"，再度助推舆论发酵。"虽然它捐了5000万元，但产品质量我还是要说一下，1998年在它家买的鞋子，今天居然坏了。""本人已在鸿星尔克买了一身行头，日后穿出去如果不好看，那是我长得不行，跟鸿星尔克的产品没有任何关系，特此说明。"更有热心网友抢着给其官微充值，会员时限已被充到2140年。还有一位顾客在鸿星尔克线下门店消费，本应支付500元，却在支付了1000元之后转身就跑。

众多网友的"野性消费"，让鸿星尔克迅速包揽了各大平台热搜，包括微博、抖音、今日头条、百度、B站、知乎等。在舆论的推波助澜下，这场全民网络狂欢，让品牌随后几天的销量持续大幅提升。

鸿星尔克总裁也骑着共享单车第一时间赶到直播间，全力劝导并感谢网友的厚爱。他在个人微博上澄清："鸿星尔克虽在艰难的转型期，但还不至于濒临破产。意外得到网友浪潮般的力挺和关爱，感到受宠若惊，深感国人的团结和温良，坚定了做好实业的决心。相信国货一定崛起，中国一定行！"

作为品牌人，值得反思的是：一个几乎消失于公众视野的老品牌，为何造就出现象级的传播事件？虽是无心插柳柳成荫的偶然事件，难以事先策划，但其实也蕴含某种程度的必然。这是根植于中华文明的深厚土壤，始于小品牌行大善的初心，与民众的从善热潮深度共振，被时代的向善文化高度认同的必然。

需要提出的是，市场回归理性之后，企业也需要回归产品力、渠道力、品牌力的核心，才是可持续发展之道。

新疆棉，中国心

2021年3月，当新疆棉遭到多家外资品牌无端抹黑、站队挑衅的时候，各大本土品牌第一时间站了出来，表达坚决力挺新疆棉的立场，维护国家利益。多位外资品牌的中国代言人也站了出来，主动宣布与其解约，抵制恶劣行径。而本土消费者更是众志成城，果断支持自己的品牌。新一代的中国消费者，不会再容忍外资品牌高高在上的态度，"中国人不吃这一套"。事关大是大非，国人只会用"心"投票。

朴素的爱国之心是全世界人民共通的情感，如果打着自由平等的旗号，却做着恶意双标的行为，无论哪个国家都不会买账，更何况是崛起的中国。都说世上最难的事有两件，一是改变他人的认知，二是掏出他人的钱财。既敢挑战国人爱国共识的底线，又想在中国市场盈利，不仅违背了市场运作的基本规律，甚至违反了人性的基本常识。

"新疆棉"事件之后，本土服装品牌关注度增幅高达137%，越来越多国人开始认知到：在面料和工艺上，国产品牌已经不输国际品牌。市场更是上演了"冰与火之歌"：主要外资品牌大中华区销量大幅下跌，最差季度同比下跌近30%，股价更被腰斩；本土品牌销量则大幅提升，安踏同比大增39%，股价飞升跻身成为全球市值第二的运动品牌。拱手相送的大礼，我们当然"笑纳"。民族品牌和本土消费者之间形成的正能量循环，正是对这些无理行径的有力回击。

民族品牌，民族骄傲

中国5G有华为，中国玻璃有福耀，中国无人机有大疆，中国粮食安全有中粮，中国服装有安踏，中国乳业有伊利、蒙牛，中国家电有格力、美的，中国新能源汽车有比亚迪、宁德时代……无论是抗震救灾，还是抗击疫情，无论是维护国家尊严，还是守护民众安危，国家有需要的时候，民众有需要的时候，每一个民族企业都会第一时间站出来，肩负时代的使命，承担社会的责任，推动国家前行，让国人过上更自信、更美好、更幸福的生活。

我们也要看到，与国际品牌相比，本土品牌在科技创新、国际市场开拓能力、挖掘品牌故事等方面还有很长的路要走，只有持续修炼内功，才能更好地抓住机遇迎头赶上。

中国品牌需要每一位中国消费者的支持，因为真正的爱护，不是因为对方已经足够好，而是因为我们愿意相信，愿意鼓励，对方才有可能变得更好。

消费者自信、企业自律、国家自强，与时代同频、与民众共振的民族品牌，终会成为民族骄傲。

第三章

你真的会"洞察"吗?

第一节

需求的真相

🎯 最难的一课

对于品牌人而言,"洞察"是个很高维的词汇,英文译为"insight",有点只可意会、不可言传的意味。

人人都可以洞察,但那些真正引领人类进步的大家,比如思想家、哲学家、科学家、艺术家,乃至政治家、军事家,几乎无一例外,都是各自领域的洞察之神。"朴素而天下莫能与之争美"是庄子的洞察;"不识庐山真面目,只缘身在此山中"是苏轼的洞察;"破山中贼易,破心中贼难"是王阳明的洞察;可能每天都有人被掉落的苹果砸中,但是发现万有引力的,只有牛顿。

洞察大概就是观察那些习以为常的现象,试图发现其背后的规律和本质。人文领域着重观察主观世界,关于人心和人性;科技领域着重观察客观世界，关于宇宙万物的运行。回到商业社会，企业家的洞察力就是商业嗅觉和格局眼光，品牌人的洞察力就是创意灵感和认知颠覆。

洞察可能是大众都需要学习的一门课，因为每个人都会观察世界、思考人生，而认知程度的深浅，往往取决于洞察力和领悟力的高低。洞察应该也是品牌人最难的一课，思维方式虽可以训练，但其更多时候不得不依靠天赋甚至运气。

真正的"上帝视角"

"消费者就是上帝""满足上帝需求至上"，虽然这类话说了几十年了，但如今却值得我们反思：什么是真实需求，什么是满足需求。

乔布斯曾说："苹果的整个理念就是人们并不真正了解他们需要什么。"行业虽不分高低，但是认知是分等级的。比如新兴科技，精密制造，只能是少数精英专家的领域，普通人无从了解，更无法理解。新产品面市之后，大众必须通过学习才能掌握使用技巧，怎么可能提前预知自己的需求呢？但是对于存在了几千年的事物，比如饮食、服饰，消费者能提的意见就会相对多一些。即使是传统行业，涉及科学领域，也仍然需要专家引领，比如营养元素的研发、新材料的开发等。

亨利·福特曾说："如果最初问消费者他们想要什么，他们会回答'要一匹更快的马'。"作为世界上第一位使用流水线大批量生产汽车的人，最终让这匹"科技的马"取代了"更快的马"。这种革命性的工业生产方式，推动了现代经济和社会文化的巨大进步。

通过倾听消费者这个"上帝"得来的调研数据，应用起来需要再审慎一些。企业应当尝试站在真正的"上帝视角"，它不是消费者视角，也不是企业视角，而是站在更高的第三方位置，跳出局限，由外在到内在，采用从现象到本质的思维方式，辨别消费者现实的"想要"和真实的"需要"，创造出他们渴望却无法言明的需求。这个抽丝剥茧的洞察过程，就像福尔摩斯的探案过程一样。

谁动了我的饼干？

大概10年前，我有一位朋友就职于一家全球头部食品公司，负责某知名饼干品牌的运营。该品牌在全球100多个国家销售，是绝对的领头羊。当时他和我谈起，这个品牌在中国市场的份额持续下滑，正在寻找改善方法。通过大规模的消费者调研，几乎尝试了所有可能，包括开发更多中国消费者喜爱的口味，开发独具本土特色的散称小包装，适当调整产品价格，升级终端陈列方式，邀请名人代言，加大广告投入等。无奈的是，仍然无法阻挡品牌的下滑态势，而其他饼干品牌并没有抢走市场，品类整体都在下滑。

那么真正抢走市场份额的竞争对手究竟是谁呢?其实正是当时如雨后春笋般涌现的烘焙店、甜品店。追求更新鲜、纯手工的制作,享受惬意的下午茶时光,正是这些消费需求的升级,让"产品功能+社交场景"的复合业态,部分取代了"纯产品功能"的传统行业。无独有偶,饮料巨头们也面临着来自咖啡店、奶茶店的竞争。

有时候,仅依靠所在品类的调研,并不能洞察到消费者需求的真相。

谁抢走了口香糖的黏性?

"2021年中国口香糖市场渗透率达70%,但人均消费量大概只相当于欧美等成熟市场的十分之一。"如果仅从以上数据来看,应该得出结论:中国口香糖市场发展潜力巨大。但是该结论忽视了一个重要事实:中国与欧美的消费习惯并不相同,不能仅以对方为基准进行判断。真实数据是,中国口香糖市场规模已经从2016年的113亿元逐年下滑到2020年的93亿元。原因是什么呢?

1870年,托马斯·亚当斯在纽约开设了世界上第一家口香糖工厂。上市之初的洞察是:人类在正常的饮食之外,还喜欢通过咀嚼食物来消磨时光,分散注意力。因此口香糖的卖点就是打发时光的同时保持口气清新。

讲到这里,答案呼之欲出。

随着移动互联网的蓬勃发展，新时代中国消费者的生活习惯已被重塑。智能手机的普及，催生了注意力经济，中国市场走在世界前列。大众对于手机的依赖日益加深，几乎可以通过手机解决全部日常所需，碎片时间更是被社交软件、购物软件、视频软件、资讯软件、游戏软件完全填满，于是口香糖关于打发时光的卖点站不住脚了。雪上加霜的是，口香糖一般位于卖场收银台处，在现金支付时代下，消费者排队等候付款时有机会引起顺带消费，甚至偶尔承担找零的角色。移动支付的普及大幅抹杀了这种消费场景，扫码即走，无需等候，更无需找零，网络购物的浪潮更是推波助澜。

对于口香糖市场来说，是"黏性"取代了"黏性"，科技的黏性取代了口腔的黏性。有时候，仅借鉴成熟市场的经验，并不能洞察到消费者需求的真相。

✂ 谁让主妇的需求隐形了？

一家世界顶级食品公司在市场研究中发现：很多主妇常常在辛苦工作一天后，还仍然需要在厨房忙碌，操持一家人的晚餐，不仅过程烦琐而且非常耗时，特别是需要煲汤的时候。如果产品能帮助她们从辛劳中解放出来，同时又能保证汤的口味，市场前景将会很广阔。团队花了很大力气做了系统的研发：从口味和营养角度来看，让其更加鲜美和健康；从包装设计角度来看，让卖点一目了然;从使用习惯角度来看,让分量更加合理;从产品定价角度来看,让价格更容易被接受。大规模的调研数据表明,主妇们太喜欢这款产品了,完全满足了她们的需求。精心准备一年之后,这款煲汤调味产品终于上市了。

配合全面的渠道推广,辅以高空广告轰炸,品牌的目标是打造一个爆品,开辟新的蓝海。而现实却是大泼冷水,完全出乎意料,产品无人问津,即使拉长周期仍无起色。营销手段突然都失灵了,前期大幅投入似乎都打了水漂,产品面临上市即退市的尴尬处境。

主妇们明明想买这款产品,为什么需求突然隐形了?

拉到"上帝视角"来观察这个场景:产品的定位是"煲汤调味品",自然放在卖场的调味品专区,与数百种调味品混杂在一起。主妇们购买调味品的习惯,通常是家里缺什么买什么,是在"已知"品类中选择,那些"未知"品类就会视而不见。大部分主妇都不知道有这类新产品,怎么会购买呢?即使受到有限的广告到达率和转化率影响,小部分主妇知道了这类产品,但是当她们去买调味品的时候,并不意味着当下有煲汤的需求,毕竟蒸炒煎炸所用的调味品才是主流需求,因此多半还是会错过这个产品。

如此看来症结就一目了然了,是陈列位置选错了!想让隐形的需求变为显形的需求,必须更换陈列区。那么应该放在哪里呢?必须让主妇在需要煲汤的时候看到这款产品,甚至激发暂时不想煲汤的主妇产生这个需求。

按照常识，准备烹饪食材的主妇，基本都会购买蔬菜。解决方案也随之而出，从调味区撤出，改放到蔬菜区，并且加大渠道新品教育和推广力度。买菜的主妇发现一个省事的妙招：简单的蔬菜，只需搭配便捷的"煲汤宝盒"，就能快速做出一锅好汤。于是市场销路迅速被打开了。

有时候，看似全部合理的数据，却不能激发出真正的需求。数据只是趋势，真正的洞察才是本事。

无处不在的"蝴蝶效应"

作为一名曾经的蒙牛人，分享一个关于蒙牛的"洞察"故事。

2002年春节期间，时任蒙牛液态奶总经理杨文俊在沃尔玛购物时，注意到一个现象：购物高峰期，很多顾客的停车地点离卖场较远，而手推车不允许推出卖场。当时的牛奶外箱设计还类似如今的快递箱，得用双手抱着。这就导致买了多箱牛奶的顾客，必须徒步折返几次，抱着分量不轻的牛奶，辛苦地搬到车里。这一幕引起了杨总的反思：怎样才能让顾客更加方便地搬运牛奶？当初行业并没有注意到这个问题，大概是由于当时的液态奶还属于新兴品类，中国人均消费量非常低，买盒装奶才是日常主流，买箱装的需求有限。

不久之后，一次偶然的机会，杨总购买了一台VCD机，拎起来的瞬间也拎出了灵感：一台VCD机比一箱牛奶还要轻，厂家都能想到在箱子上安装一个提手，为什么不能在牛奶外箱上也装一个，让消费者买箱装奶时更加便捷呢？这个想法一经提出，即刻获得采用。杨总的小洞察推动了蒙牛的液态奶销量大幅增长，最终也惠及了整个乳品行业。

数据显示，2000年，中国液态奶人均销量不足1公斤，到了2021年，这个数据已攀升到了14.4公斤。2000年，中国19岁男性青少年的平均身高约为169.7厘米，到了2020年，这个数据已增长到173.3厘米，增速位列世界前茅。

这些剧变的背后，是多重因素共同作用的结果。即使一个小小的提手，也贡献了不可忽视的价值。在一定程度上，它推动了消费者购买盒装奶向购买箱装奶的转变，促进了液态奶行业的共同增长，加速了消费者饮用液态奶习惯的养成。而牛奶作为青少年成长不可或缺的营养来源，又助推了他们身高的增长。

蝴蝶效应，无处不在。好的洞察，力量无穷。

第二节

对消费者的称呼该换换了!

每个人眼中的世界是由他的认知组成的,每个人的认知不同,从而产生了万千的世界观、价值观,看待同一事物也会产生万千不同的理解方式。

"一千个人眼中有一千个哈姆雷特",在亿万受众的心中,品牌的形象究竟是怎样的?与企业传递的想法一致吗?

购买的是产品,决策靠认知。改变他人的认知是世上最难的事情之一,而构建甚至颠覆认知,以此推动或者拉动消费,正是品牌要应对的挑战。做品牌必须洞察消费者愿意听并且听得懂的表达方式,必须尽全力让企业想传递的想法与受众所认知到的达成一致。

品牌发展，传播进化

品牌的发展遵循生命周期规律，从起步期到成长期，再到成熟期，品牌每个阶段的传播策略也随着消费者认知的变化而进化。

起步阶段卖性价比，这个阶段的传播需要直接明了、一语道破，传递产品比同行更强的功能卖点，例如"农夫山泉有点甜""充电5分钟通话2小时"；成长阶段卖利益，这个阶段的传播需要将产品利益与品牌认知结合在一起，例如"我们不生产水，我们只是大自然的搬运工""柔光双摄，照亮你的美"；成熟阶段卖价值，通常这个阶段企业已发展出多条产品线，品牌与产品承担各自的职责，子产品负责讲述设计、技术等不断升级的功能差异，母品牌负责输出价值观，例如"格力，让世界爱上中国造"。

很多企业"迷信"硬广的效应，认为喊一句口号、砸一波广告，就能成为品牌了。实际上，随着品牌的发展进化，硬广的边际效用是递减的，起步阶段高声量硬广是最有效的，但到成熟阶段作用就相对有限了，只能在关键节点起到提示消费者的作用。随着消费者认知的不断提升，硬广的边际效用也是递减的，广告手段已不足以达成品牌目标，需要多维度搭建沟通体系，事件营销、公关传播也应成为重要的品牌策略，毕竟新时代的消费者更偏爱"内容"和"口碑"。

从另外一个维度看，广告也是一把双刃剑。对于一个品牌体系建设完善的企业，广告虽有积极影响，但仍然需要适度。硬广的作用在于提升知名度，而无法提升美誉度，如果投放过于饱和，反而适得其反。试想消费者从早到晚多次看到同一支广告，虽然会记住品牌的名字，但也会产生不耐烦的感受，进而丧失对品牌的好感度。特别是对于一个品牌体系建设尚不完善的企业，一旦遇到市场质疑，广告越多，危机越大。重塑品牌的过程反而需要暂时摒弃广告手段，辅以柔性公关，不断加强品牌系统保障，才有机会挽回消费者的负面认知。

空喊误企，感知至上

有些企业热衷于宣告自己"销量第一""远销全球几百个国家"，这种方式放在20年前或许奏效，但对于新时代的消费者，似乎有些过时。因为这种口号式的单方面宣告无法获得受众的参与感，没有人会在朋友圈"炫耀"："这个品牌销量第一源自我的支持"。更甚者，有些企业为了宣传不惜"运作"出各种第一、各种排名、各种大奖，但越是虚假包装，越想大声证明，越渴求被承认，而一个谎言需要一百个谎言去掩盖，如此陷入恶性循环，反倒是真正阻碍了企业的发展。

成熟的品牌往往采用更高明的战术，要隐藏"卖"的方式，使用"感知"的方式，"无痕"宣传才是最高境界。正如宝洁首席品牌官马克·普里查德所说："长期以来，广告圈都在自己的小世界里活动，和其他创意产业隔离得太久了，和消费者也联系得不紧密。宝洁今后的广告可能会避免过多直接的硬广，而是用更有创意的、内容化的方式来营销。"

理解无价，共同创造

每每称受众为"消费者"的时候，企业仿佛都将自己放置到了天平的另一端，认为消费者这个"上帝"似乎只是消费自己产品的衣食父母。这个时代对消费者的称呼该换换了，因为他们不仅仅是品牌的消费者，更是品牌的创造者。

关于Z世代消费者的画像，阿里研究院是这样描述的：他们主动与感兴趣的品牌构建连接，传统大品牌的光环在他们面前已逐渐褪去；他们是内容产业的积极生产者和消费者，重度依赖视频作为信息来源；他们圈地自萌，朋友推荐是重要的购物决策因子；他们大力拥抱国产品牌，是国潮消费的主力军，更愿意支持有公益之心的企业；他们对兴趣的深刻见解是最重要的自我定义方式，通过消费打造个性独特的"人设"，演化出"圈层经济""网红经济""懒人经济""潮牌经济""颜值经济""盲盒经济""奶茶经济""治愈经济"等目不暇接的细分市场浪潮。

Z世代是最为自信的消费达人，他们会为产品和品牌贴上自己的标签，在社交圈层分享的同时进行信息重构，最终影响所在群体对品牌的整体认知。他们解读品牌、传播品牌、重塑品牌，他们的兴趣催生了潮流的分支，进而推动了新兴品牌的崛起。基于这个角度,"创造者"是比"消费者"更好的诠释。如何在尊重和理解的基础之上,更好地洞察并满足新时代消费者的需求,是品牌人需要不断修炼的功课。

前置、前置再前置

在洞察消费者需求这件事上,必须前置、前置再前置。第一,不要贩卖企业想卖的,而要满足消费者想买的;第二,不要贩卖消费者目前想买的,而要前置设计他们未来向往的;第三,不仅要营造消费者当下的使用体验,更要前置构建消费者使用产品之后与圈层分享的感受。唯有做到如此的前置,品牌营销资源才算是发挥出最大的效能。

"每个行业都值得重做一遍",这句流行标语背后的含义就是新时代的品牌营销趋势不断演化,新时代消费者的新需求都值得被重新洞察一遍。

饮料品类历来是国际与国内巨头近乎垄断的红海市场,新兴品牌元气森林却生生杀出一片新的蓝海。元气森林于2016年成立,仅用6年时间,销售额突破80亿元,实现几何式增长。

据2021年中国科学院发布的报告,无糖饮料成为健康标签,市场预计在5年内实现翻番,2027年将增至277亿元规模。近80%的消费者购买无糖饮料的原因在于"更健康",他们对品牌的选择标准越发严苛,已经逐步养成关注产品配料表和营养成分表的习惯。

主打"0糖、0脂、0卡"概念的元气森林，正是满足了新生代女性消费群体的需求——既关注健康也追求颜值。天然代糖原料价格虽高，但一、二线城市消费者愿意为品牌溢价买单，新兴便利店渠道的发展成为与之匹配的通路，与高端网红的合作，带动销量爆发的同时赢得圈层的口碑。

前置的洞察，前置的满足，有机会重塑消费者认知，为品牌赢得先发优势。

百花齐放，百家争鸣

市场的健康发展需要良性竞争，但一味地盯着对手，不惜同质化内卷，极有可能导致劣币驱逐良币。品牌存在的目的是创造"差异化"，专注打造独有的特色，才能创造出对手难以模仿和超越的竞争力。

数据显示，2021年中国继续保持全球第二大消费市场的地位，社会消费品零售总额为44.1万亿元，比2012年增长了1.1倍，年均增长8.8%。

中国是全球为数不多的"超大规模单一市场"，这一优势也是"以国内大循环为主、双循环驱动发展"的底气。"蛋糕"足够大，足够容得下更多的差异化竞争，良性竞争则会进一步促进"做大蛋糕"的良性循环。

"欲穷千里目，更上一层楼"，眼界取决于格局。谁才是企业真正的竞争"对象"？其实是消费者未被满足的真实需求。企业应当专注于提升自身的洞察能力，专注于更有效地培育认知与占领心智。源源不断的竞争动力，应该来自满足消费者不断升级的个性化、定制化和潜在化需求，这才是企业真正应该关注的商业本质，这才是真正的企业自律。

百花齐放，百家争鸣，和而不同，也是我所理解的真正的品牌竞争。

希望中国企业都能像北京冬奥会口号一样，"一起向未来"，与品牌的消费者、创造者一道，奔向更美好的星辰大海。

第四章

你的事件
四两换千金了吗？

第一节

一切皆可"事件"

🎯 用公关的思维做品牌

有朋友问我,"你为什么特别喜欢做事件营销呢?"高大上的回答是,追求四两拨千斤的成就感;接地气的回答是,主要是因为预算真的有限。无论哪种回答,最终的绩效是用最小资源换取最大果实,为企业创造更多的价值,何乐而不为呢?

《孙子兵法·虚实篇》中写道"夫兵形象水,水之形,避高而趋下;兵之形,避实而击虚。水因地而制流,兵因敌而制胜。故兵无常势,水无常形,能因敌变化而取胜者,谓之神。"

面对激烈的市场竞争,在预算明显处于劣势的情况下,我通常会因势利导,扬长避短,守正出奇。对于司空见惯的传播手法,我往往会打破常规,换个角度思考,挖掘其他人没有看到的附加值。广告不仅是广告,创意爆棚、共鸣强烈的广告,可以转化为"事件";媒介不仅是媒介,大胆创新、突破传统的投放形式,可以转化为"事件";新闻不仅是新闻,话题精准、策划独特的新闻,可以转化为"事件";地标营销、奥运营销、国潮营销、公益营销、直播营销等,一切皆可借势,一切皆可造势。

这种"跨界"的思维、"内容"的思维、"话题"的思维,如果用一句话来概括,就是"用公关的思维做品牌",这正是我从业22年来形成的独具个人特色的思考方式。

这种思维模式背后的逻辑是,注意力经济时代早已到来,信息爆炸的环境中,品牌传播很可能被瞬间淹没。无论是传统的电视,还是新兴的短视频、直播,缺乏内容和营养的信息,仅能起到提示与告知的作用,难以抢夺真正的注意力,因为消费者只会花时间搜索自己关心的事。如果品牌可以打造出新奇、有趣的"事件",主动关联消费者的兴趣,那么传播才会真正产生价值,费效比才会真正提升,企业才能真正受益。

做事件不是"蹭热点"

需要特别说明的是,"借势"和"造势"不是简单的"蹭热点",也不是无脑的"炒作",更不是虚假的"作秀"。事件营销必须注重四个原则。

第一,是否符合品牌的大局观。事件营销就像搭房子一样,有份整体规划图,有个清晰的目标。这里需要立根柱子,那里需要放块砖,选择每一样建材的标准,都是为了把这个房子盖得更好。这样的可持续事件,才是品牌应该主动关联的事件,才是可以为品牌形象带来累积效应的事件。

第二,跟随没有意义,创新才有价值。"大品牌做了,我也得做,竞争对手做了,我也得做",这种想法必须摒弃。事件策划需要以"我"为主,复制他人的做法只会被淹没,甚至被无视。只有让品牌与事件产生与众不同的"碰撞"方式,才会让人耳目一新,才能迅速抓人眼球,最终在信息的红海中突出重围。这样的借势才有意义,事件才能真正为品牌所用。如果在形式上、内容上都是照搬照抄,是无法换取受众关注的,也不会有流量,更不会让受众产生共鸣。

第三,是否与品牌定位、品类特征相匹配。比如,定位于"制造和技术"的品牌,积极参与突发灾害救援,承担社会责任,是利国利民的好事,当然也对品牌形象有益,但是必须考虑企业的品类特征——是否真的是当下最紧缺的物资,是否能对救助产生足够的、实际的用处。如果贡献价值很有限,只是为了宣传而参与,那就是纯粹的蹭热度,也基本不会产生传播效果。

第四,切忌虚假宣传。品牌传播要"说七分留三分",不要过分宣传。永远把品牌的优点留三分让消费者去感知,只有受众主动感受到的好,才是真正深刻的好,才是引发共情的好。有些企业喜欢"做七分说十分",甚至"说十二分",其实过犹不及。真实的事物有一种内在的确定性,无需来自外界的证明,只有虚假的东西才急于宣扬自己,生怕得不到外界的认可。面对耳聪目明、眼疾手快的新时代网友,被质疑的威力绝对不容小觑,毕竟"互联网是有记忆的"。

⌖ "中粮，让年更有味道"

2013年11月，我正就职于中粮集团品牌管理部，当时刚刚牵头完成中粮品牌五年传播战略规划，目标是通过集团母品牌与业务子品牌的联动，实现母子品牌价值的协同提升。如果不能落地执行，战略规划书只能变成一纸空文，只能待在电脑的文件夹里，也就失去了规划的初衷和意义。一个启动实施的契机随即跃入我的脑海：2014年新春将至，中粮历史上还没有策划过一次超大规模的春节整合营销，为什么我和团队不尝试创造这个先例呢？

看似不可能的任务

既然是一件从来没有做过的事，那它就是一件没有成功模式可循的事，自然也是一件冒险的事。作为世界500强，作为中国最大的粮油食品企业，中粮推出春节整合营销活动，必须同时实现"超大影响力、母子品牌联动、线上线下联动、品牌销售双效合一"等多个目标。现实状况是，我的绩效考核里并没有这一项工作，是否要主动给自己加码，是否要挑战看似不可能的任务，真的需要权衡再三。

第一，本是"无中生有"的项目，又逢年末，集团品牌是没有专项预算的。身为国有大型央企，中粮更多是承担保障国家粮食安全的重任，所以不能完全用市场化的运维方式来考量，整体营销预算也低于行业平均水平。如果要特别策划春节营销活动，必须单独申报预算，必须呈报出让人眼前一亮的方案，才有可能说服集团领导与相关部门进行专项特批。

第二，中粮旗下设有众多业务单元，各自预算是独立的，春节营销原本也是各自为战。要实现母子品牌协同联动，需要搭建一个类似众筹的平台，必须促使业务单元统一参与，必须说服他们切分出各自的预算和资源。这就要求集团品牌部必须拿出过硬的统筹规划，品牌与销售两手抓，以保证整合活动的效果远超业务单元各自为战的收益。此外，还要组织协调各业务的角色分配，毕竟每个参与者都希望自己是主角。

第三，目标有了，契机也有了，核心的执行策略是什么呢？这就像是有了"地球"，又有了"杠杆"，我们需要找到那个"支点"。无论是集团还是业务单元，预算都是有限的，但是活动效果必须"高端、大气、上档次"，必须符合中粮的品牌调性。由此，常规广告传播手段被排除了，必须运用"事件"与"话题"的思维，要锐意创新，要打破传统，才有可能破解这道预设条件颇多的难题。

第四，按照我的工作惯例，制定策略与创意方案时，以内部为主导，不依靠第三方外协公司，因为没有人比中粮人更了解中粮。按照惯例，春节营销活动预留三个月筹划，节前一个月正式启动，这也意味着我们的活动必须在元旦前后开启，而留给策划、统筹、执行的时间只有短短一个月，必须争分夺秒！

预算没有着落、方案必须惊艳、没有服务方支援、时间迫在眉睫，又不是必须完成的任务——如果今天再面临同样的境况，我想自己未必再有勇气接受这个挑战。或许是在蒙牛磨炼出的敢打敢拼的作风，或许是军校造就的不愿服输的精神，或许是品牌人对于创新的执着，又或许是中粮人对公司的归属感与使命感，最终让我做出了选择。而这个无比正确的选择，也成就了我职业生涯中最值得自豪的案例之一。

我要特别感谢一位幕后的推手——时任中粮集团办公厅负责人殷主任，没有他的支持和指导，就不可能有项目的成功。当时品牌管理部隶属于集团办公厅，殷主任也是集团品牌工作的分管领导。我曾在项目启动前立下了"做不好，就辞职"的军令状，直到项目圆满成功时，殷主任才对我说，如果真没做好，最终所有的责任其实是由他来承担。面对一个执行难度颇高的方案，面对一项冒险的决策，殷主任并没有否定也没有质疑，而是用果敢和当担，用沉稳和从容，给予了我们莫大的信任和鼓励，给予了我们放手迎接挑战的机会。我非常感恩，曾追随过这样一位好领导、好老师、好前辈。

寻找撬动情绪的支点

2014年之前的春节，各大品牌还在用力贩卖"买年货""送年礼"的概念。中粮品牌要怎么突出重围？怎么捕捉最佳切入点？"传播中粮品牌并拉动旗下产品销量"只是任务的表象，我认为任务的本质是"在春节营销大潮中，找到全民关切的话题点，中粮必须在其中扮演不可或缺的角色,进而顺势带动品牌提升与销售增长"。我们需要找到两个支点:一是找到撬动大众情绪的支点,也就是活动的内核,一个可以引发广泛共鸣的主题;二是找到撬动大众注意力的支点,也就是创意的形式,获取大众的主动关注。

首先,定义中粮是谁。中粮是"忠于国计,良于民生"的大粮商,中粮是从源头到餐桌为国人提供健康食品的大企业,中粮是与中国同龄的、消费者身边的老朋友。作为中国最大的粮油食品企业,中粮旗下拥有众多子品牌——福临门米面油、长城葡萄酒、家佳康肉制品、蒙牛乳制品、中茶茶叶、屯河番茄制品、悦活蔬果汁、金帝休闲食品、食品购物网站我买网等。中粮旗下品类进入的都是充分竞争的市场,面对市场化运作的行业对手,旗下子品牌往往受困于运营预算的有限性和不灵活性,即使品质非常优秀的产品也难以在竞争中跑赢市场。中粮品牌提出的"产业链,好产品"口号,一方面能够体现保障中国老百姓食品安全的央企责任,另一方面也希望通过中粮全产业链的价值和优势背书并赋能旗下子品牌。我们需要找到一个策略,既能体现中粮产业链"环环把控"的特点,又能体现好产品的"又全又优"的属性。

其次,定义什么是中国年。春节是中国人传承千载的文化图腾,"春运"是中国每年最大规模的人群迁徙。家是中国人最小的单元,也是中国人最大的世界。不管漂泊在外多远多久,都向往踏上回家过年的归途。"家乡的味道"是刻在脑海中的、挥之不去的记忆,异乡的游子念念不忘的就是家乡的美食。食物的味道,就是家的味道，就是年的味道。"团圆"是辞旧迎新的高潮，而承载团圆最好的方式，也是过年最大的仪式，就是那顿年夜饭。

最后，碰撞出最有共鸣的主题。略感遗憾的是，在这个脚步比灵魂更快的时代，小时候过年的美好也被慢慢遗忘，日子越过越好了，可年味儿似乎越来越淡了，如果能够唤醒些许记忆里的年味儿，将引发大众情感最深处的共鸣。跳脱"年货"物理属性层面的竞争，拉升到"年味儿"的精神属性层面，中粮全产业链的民生产品有机会变成中国人过年团聚必不可少的载体，成为年夜饭餐桌上的一道道美食。中粮提供的不再是单纯的食材，而是承载了饮食的文化、年的文化、家的文化，"中粮，让年更有味道"！

寻找撬动注意力的支点

引发共鸣的情绪支点找到了，接下来要找第二个支点：怎样的创新和传播形式，才能最大限度地激发受众的好奇、赢得他们的关注呢？2013年底，自媒体领域还是微博的时代，微信公众号也刚起步不久，并不像今天媒体形式的这般多元化。受到预算的限制，我们也不能选择传统广告高举高打的方式。直觉告诉我，应该反其道而行之：如果没有足够的媒介资源，可否倒过来，将有限的媒介资源事件化呢？能否采用小成本的媒介投放，通过突破常规的创意方式，制造事件与话题呢？

在破局思维中，我找到了那个支点——地铁广告。地铁是一个封闭环境，由此提供了制造事件的可能性。我尝试用一系列"如果"来推演。

一是常规的地铁广告即灯箱广告，只能起到一般的告知作用，如果我们可以大胆创新，对整个地铁环境进行"全面包装、全面升级"，从进站的检票闸机到行走的通道，从头顶的挂旗到脚下的地贴，从上下的楼梯到高大的立柱，从车站灯箱到候车屏蔽门，人们走过的每一处，看到的每一处，全部铺满中粮元素，形成视觉轰炸，那么受众就无法忽略，也必然好奇，事件的雏形就出现了。

二是地铁是一站连着一站的，如果我们选择连续包站，受众进入第一个站时会感到惊讶，途经的下一站，连续的每一站，一波接一波的冲击持续而来，惊讶也会随之转变成震撼，受众自愿传播的概率就增加了，话题的基础就具备了。

三是如果地铁广告每天出街一站，接连多日每日出街，就会获得大众和媒体的持续关注，持续保持热度，传播的效果也会像累计的复利，被迅速放到最大。

四是连续包站也符合中粮品牌的需求，如果我们把每一站对应一个子品牌，每一站聚焦打透一个子品牌，让每一个子品牌都当一天的主角，最终几个站连通起来，汇聚成中粮"年味儿"专线，与此同时，"一站连着一站"又恰好能生动地象征"一环扣着一环"的"全产业链"模式，那么无论对集团还是业务单元，这个方案都有了足够的说服力。

五是在受众主动停下脚步"观看"广告的时候，如果我们可以把"年味儿"氛围做足，如果我们可以把"产业链，好产品"的故事讲透，那么中粮就会获得深入人心的机会，将远远超越常规广告的告知作用，达成最优的费效比。

六是如果我们能将品牌信息和购买渠道更好地联动，扫码即得优惠券，扫码即可购买年货，扫码即可寄往全国，那么就可能促成更高的销售转化。

七是如果能实现以上六个"如果"，那么"中粮，让年更有味道"将开创春节营销的先河，成为经典标杆案例，创造超大的品牌影响力。

定制米其林级餐厅

再完美的思考逻辑也必须经受实战的考验。如果中粮的目标是为大众呈上一桌色香味俱全的"年夜饭"，那么业务单元就是"琳琅满目的食材"，集团品牌部就是"掌勺主厨"，创意和灵感就是"菜谱"，而地铁就是"米其林级餐厅"。

但是"米其林级餐厅"太难预订了！我们和北京的各大地铁媒体代理公司进行了沟通，得到的答复却是"三个不可能"。

第一个，从来没有品牌做过这样的活动，代理公司也从来没有在地铁广告中开发过这么多类型的媒体。地铁属于公共交通设施，又是人流密集的封闭环境，新型媒体的开发必须上报交管部门审批，毕竟事关乘客的切身安全。按照以往的经验，增加任何一个媒体类型都不容易,何况是连续多个重要站点的全方位包站,这基本不可能!

第二个,一方面,由于特殊的全包站要求,闸机、挂旗、通道、楼梯、立柱、灯箱、地贴、屏蔽门,每一个媒体的形式与尺寸都不一样,每一个地铁站的空间不是标准化的,广告位置也不是统一的,每一个站点又要呈现不同的子品牌内容,所以是"N乘以N倍"的海量设计工作,时间只剩一个月,根本不可能完成!另一方面,更换地铁广告画面只能在凌晨停运的几个小时内完成,而全站面积又很大,无法整体喷绘,只能分切喷绘之后再拼接粘贴,加之是连续多站作业,因此要求工人师傅足够多,而且必须是专业的熟练工人。整体工程量巨大又不容出错,全国可调用的熟练工人数量又有限,所以几乎不可能完成!

第三个,春节前期,地铁广告不愁客户资源,单价也是一年中最高的,很多热门的广告位早已提前预售,如果要求撤单必须承担额外的赔偿金,还会影响客勤关系。而我们的包站方案提出了六个站的需求,按刊例价计算,我们的预算最多只能覆盖两个站。要求又高费用还少,简直是"满汉全席的标准,四菜一汤的价格",所以代理公司完全没有积极性,合作也成为不可能。

餐厅没办法接单!没关系,我们定制自己的中粮米其林餐厅。

一方面,我们同时与两家地铁媒体代理公司进行谈判,抛出两个橄榄枝:一则这是史无前例的运作,一旦成功,代理公司就会一战成名,将突破原有的单一广告销售模式,成为开拓行业的先锋,将有机会获取更多更优质的客户资源;二则中粮集团和旗下数十个子品牌,每年都有一定的投放需求,这一次哪家选择与我们合作,未来在同等条件下我们就优先选用哪家。

另一方面,我们与代理公司一道,与北京交管部门开展了多轮协调沟通,说明此次活动的初衷包含弘扬中国的年文化与家文化,表明中粮作为央企的社会责任意识,承诺在材料选择与设计合规性方面严格遵照相关的消防标准,避免产生安全问题。

精诚所至,金石为开。一家颇有胆识的代理公司接下了橄榄枝,交管部门最终通过了包站方案,各业务单元统一了参与意愿,集团也特批了项目预算,负责平面设计与公关传播的两家执行公司也相继进场,"食材、主厨、菜谱、餐厅"一应到位,"年夜饭"大餐热火朝天地开做了!

创意菜式"年味儿"十足

链通"年味儿"专线:选定开通4年的北京地铁4号线,其站内空间宽敞环境明亮,设施较新维护较好。站点选择从西直门站到西单站共6站,位于京城二环内,人流量较高,尤其是西直门和西单两个换乘大站。中粮"产业链,好产品"专线依次链通——福临门(西直门站)——家佳康(新街口站)——长城(平安里站)——蒙牛(西四站)——中茶(灵境胡同站)——中粮(西单站)。

营造"年味儿"氛围:为了烘托热闹的过年气氛,也为了让

6个站有一致的设计风格,我们选用了中国剪纸作为背景元素。金色为底、红色剪纸,相当于为所有子品牌的广告画面制作了统一的"相框",既凸显了"年味儿",又简化了设计工作量,也让6个站形成一个整体。

创造"年味儿"文案:视觉的冲击是引发关注的第一步,如果能配上有灵魂的文案,更能触景生情、深入人心。广告语传达直击人心的温暖,又恰如其分地融入产品的卖点——"离家门老远就能闻到的饭香,满溢着爸妈盼望我回家的心意。福临门,让年更有味道!""妈妈包的三鲜馅儿饺子,才有过年的味道!家佳康,让年更有味道!""一年喝了很多应酬的酒,过年只想和老爸喝顿交心的酒。长城,让年更有味道!"……

畅享"年味儿"红包:品牌"叫好",销售也要"叫座",中粮旗下食品购物网站——我买网,解决了临门一脚的问题,拿出了空前的优惠力度。每一个站点都有我买网的宣传海报,每一张宣传物料下方都放置了我买网二维码,扫码即可得50元满减红包,导向中粮"年味儿"下单专区。春节将至,无论是否回家过年,都可以为远方的亲人置办年货,中粮我买网帮忙把"年味儿"大礼包送达天南海北。

红红火火的"年夜饭"上桌了!

2013年12月30日,"中粮,让年更有味道"大型春节营销活动正式启动!粮油品牌福临门首发登场,地铁西直门站摇身一变成为喜气洋洋的"福临门站"。

如此的视觉盛宴,身临其境的第一刻就会被震撼,乘客走进地铁的瞬间,恍惚以为自己走错了地方,回过神来,便纷纷拿出手机拍照,目之所及、行之所至,全部是满满的"年味儿"——中国红的剪纸元素铺满整个车站,抬头看到的挂旗上是中粮与福临门的标识,走过的通道与楼梯上是巨幅的中粮产业链画面,高大的立柱上印着福临门的产品广告、墙体的灯箱上写着温暖的"年味儿体"……

置身于"中粮米其林餐厅",注意力无法不被转移,许多人就如同参观景点一般,驻足停留,左顾右盼,留影记录,同行人之间的对话也围绕着"年味儿"话题,朋友圈的分享也随即跟上。第一站打响了!"事件"热度由此开启。

2013年12月31日,肉食品牌家佳康接棒福临门,"年味儿"传到新街口站。

2014年1月1日,葡萄酒品牌长城登陆平安里站,"举杯同庆"。

2014年1月2日,乳业领导品牌蒙牛"抢滩"西四站,"奶香四溢"。

2014年1月3日,中茶品牌进驻灵境胡同站,"茶韵弥漫"。

2014年1月7日,"产业链,好产品"专线链通西单站,中粮携手子品牌"全家福"压轴返场。

2014年元旦前后,始发于西直门站,每天曝光一个子品牌站,连续5天发布,持续制造话题热度,之后暂停3天,"让子弹飞一会儿",第9天"中粮站"再度亮相,又起高潮,最终收官于西单站,整个周期覆盖春节期间。这就像是一顿热闹欢腾的年夜饭,鸡鸭鱼肉各路主菜悉数摆盘,热气腾腾的饺子最后上桌,圆满了!

烈火烹油过大年

"年夜饭"云直播:"中粮年味儿"公众号在微博、微信同步上线,每日更新地铁广告出街盛况,并联动子品牌微博、微信矩阵,共同发起"年味儿"话题讨论,为活动造势,辐射更为广泛的人群。与此同时,开通网络版"链通年味儿专线"活动,网友只需要每天来活动网站签到,就有机会赢得各类大奖,包括中粮旗下的三亚亚龙湾瑞吉度假酒店入住券、中粮年货大礼包等。

寻找"年味儿"代言人:网友可以上传自己的照片,并编辑具有个人特色的"年味儿体",通过微信、微博邀请好友参加,赢得点赞和转发等支持,积分居前6位的参与者最终当选"年味儿代言人",可免费享用中粮产品一整年。

制造"年兽"惊喜偶遇:一个可爱的卡通形象"小年兽",随机出现在各大地铁站、中粮·大悦城等人流汇集的地方,为大朋友们发放我买网红包,为小朋友们赠送迷你版"年兽"玩偶,创造线下惊喜互动的同时向线上引流。

线下卖场年货多:全国各大商超一样"年味儿"十足,各子品牌协同发起线下零售终端促销联动,统一的"中粮,让年更有味道"主题,统一的"金色底、剪纸红"主视觉。米面油肉酒茶,牛奶饮料休闲食品，中粮的好年货足以装满消费者的购物车。

聚焦"除夕未归人"：特别策划"欢聚小年夜 共飨中国年"驻京外交使节年夜饭活动，向世界友人推广中国年味儿，用中粮产品呈现美食文化。中粮年货大礼包被陆续送到清华大学、中国人民大学、中国农业大学、北京师范大学数百位无法回家过年的学子手中，被特别送到留京驻守工作岗位的医护人员手中，让这些除夕未归人，在千里之外仍能感受到家一般的温暖，至此，也为整个活动画上温情而圆满的句号。

开创"年味儿"营销先河

轰轰烈烈的"中粮，让年更有味道"主题活动落下帷幕，从央企圈到同行业，从广告界到媒体圈，从消费者到社会公众，从集团高层到业务单元，无论是外部还是内部，活动都收获了一致的好评。

我们创造了多项第一：创下单次广告面积最大的世界纪录，打造出广告投放标杆案例；首创地铁"全面包站、连续包站"模式，打造出事件营销经典案例；开启"年味儿"营销先河，引发各大知名品牌纷纷仿效；2014年1月底，微信红包上线，2015年除夕，春晚历史上第一次尝试红包互动，幸运的是，我们在2013年12月抢先试水了即将到来的企业红包热潮。

我们连通了"产业链，好产品"专线，也连通了中粮品牌与消费者的心智。"年味儿"地铁站一时成了网红打卡点，有不少民众专程前往现场合影留念,中粮与大众之间的距离更近了,品牌的形象更立体也更有温度了。中粮关爱"除夕未归人"的公益行动,赢得了教育部、各大高校的官微点赞,并获得北京卫视的特别报道,展示了中粮作为大型央企的责任担当。

我们实现了母子品牌协同提升,中粮全产业链的形象更加生动了,中粮母品牌的背书作用更为显著了,大众对中粮产品全家福的认知更加清晰了。一个子品牌单独"包站"是不曾想象的,6个品牌连续"包站"更是史无前例的,使得6个1加起来远远大于6,整个营销的效果远超预期。这也是中粮历史上第一次超大规模春节营销活动,做到了线下广告协同、线上双微协同、线下卖场协同、线上网购协同等全方位协同作战。

我们达成了品效合一,春节期间中粮我买网销量同比增长200%,中粮品牌线上线下累计曝光上亿人次,中粮百度搜索规模整体上升87%,移动端搜索规模同比上升488%,千人成本创历史新低。

我们挑战了诸多不可能:地铁媒体公司常驻北京的熟练工人只有十几名,为了完成海量的连续包站任务,从全国各地甚至其他公司借调了80多名工人,用人海战术顶住了速度和质量的双重压力;平面设计公司更是雇用了几十名自由设计师,包下了酒店的多个房间,在一个月的时间里,三班轮换,24小时不间断工作,终于赶在广告出街日期之前交付了"N乘以N倍"的完稿;而中粮品牌团队的4名核心成员,一个月时间里,几乎每天熬夜到凌晨两点,出创意、出文案、盯设计、盯传播,从内部数十个子品牌的协同沟通，到外部大小事项的协调管理，事无巨细，任务繁重。

我由衷地感谢这些最可爱的人，没有他们的辛苦付出，就没有项目的圆满落幕。服务团队其实利润极其有限，甚至不挣钱，内部团队更是在做一项"无中生有"的工作，但每一个人都点燃了心中的一团火，为了共同的目标聚在一起，无关短期的收益，而是关于长远的期望，无关成本，而是关于创造，无关考核，而是关于相信。

有人说，推动人类进步的是思想的转变，那么推动每一个人进步的就是认知的深化，是思维的创新。"媒介事件化，事件品牌化，品牌公关化，公关营销化"，正是"年味儿"背后的思考与心得。对于品牌人而言，如果能敏锐地洞察先机，大胆地突破创新，果敢地争担责任，无畏地接受挑战，就没有什么不可能。

我想借用中粮司歌的结尾，作为我与中粮品牌故事的结语——"激情点燃梦想火焰，我们把诗篇写在天地间。"

第二节

"新"国潮，"心"国潮

2018年被称为"国潮元年"，引爆"国潮"这个词的正是体育服装品牌。2018年2月，李宁携中国设计元素的"悟道"系列，惊艳亮相纽约时装周，成为中国品牌的里程碑事件，迅速发酵为舆论焦点。

仔细回想起来，"国潮"其实从未远离我们，只不过它过去并不叫这个名字。对"70后、80后"而言，青春年少时最深的记忆，一定有《西游记》《新白娘子传奇》，脱口而出的古诗词，也一定有"所谓伊人，在水一方""但愿人长久，千里共婵娟"。对"90后、00后"而言，成长过程中，中国风的流行音乐也一定占有一席之地，《双截棍》《青花瓷》《本草纲目》是K歌之王的必选曲目。2005年春晚国风舞蹈《千手观音》，曾带给亿万观众长久的震撼。北京夏奥会开幕式，当2008位表演者齐力击缶，当"有朋自远方来，不亦乐乎？"响彻鸟巢上空，十四亿国人的热血被瞬间点燃，对绚烂悠久文明的骄傲感和自豪感油然而生……

"国潮"是对传统文化的继承发扬，它不是突然而至，而是一直潜移默化地影响着我们、塑造着我们。传统的食物、传统的节日、中华文明的语言与文字、诗词歌赋与琴棋书画、名著戏曲与文物古建、三山五岳与长江黄河，无时无刻不浸润着每一个中国人的日常和心灵。

过去的几代人含蓄内敛，不善表达，而Z世代的年轻人早已习惯平视这个世界，随着日益升腾的文化自信，"国潮"成为他们表达"身份归属"、彰显自我的个性标签。"国潮"不是短暂的流行，而是生活的一部分，是日积月累的习惯，是根深蒂固的情怀。

对于品牌而言，不应追捧模仿"新"国潮，而是要深入理解"心"国潮。

用 china 读懂 China

2020年5月,我在九牧集团主导策划良久的大型国潮文化公益活动终于正式亮相。短短半年,故宫、颐和园、长城、敦煌莫高窟、布达拉宫、大昭寺、云冈石窟等中国古代建筑的巅峰,世界文化遗产的骄傲,一一留下了我们的足迹。

追溯创意的初衷,就如我之前提到的,跟风没有意义,突破才有价值,我所希望的"国潮"绝不是简单的复刻,更不是盲目的"蹭热点"。文化营销,在我的认知中是最高阶的营销,必须怀着敬畏之心,必须发自心底认同,才能碰撞出真的国潮。

我的灵感来自两个同样的英文单词。一个英文单词"china"是瓷器的意思,而瓷体正是卫浴产品的构造主体。另一个英文单词"China",正是中国。如何用china读懂China?如何用陶瓷品牌理解中国文化?这个切入点,可以完美地将产品与国潮契合在一起。

我们品牌的定位是"民族智能卫浴领军者",我也一直坚持选择与这个占位相匹配的资源,比如中国奥运地标鸟巢、中国短道冠军之队、新华社民族品牌工程等。回到文化领域,怎样才能讲好陶瓷故事,讲好文化故事?什么资源最合适?结合品类的特性,中国古建成为我的首选。

创意不易，执行更难

我给自己制定了几个执行的原则。

第一，要深刻地认同和理解这些历史上伟大建筑的意义和价值，要深入挖掘品牌究竟能为古建文化的传承及弘扬带来什么贡献。虽然这是一个从商业出发的合作，但也必须是怀着崇敬之心、怀着责任之心的品牌自我升级和底蕴建设的过程。

第二，不能只在宣传物料上贴一个权益的Logo，不能与产品本身缺乏紧密关联。当时，很多做国潮的品牌也曾与故宫、敦煌这类顶级古建合作过，它们的做法通常是与其相关的文创IP部门合作，权益使用仅为Logo和图形元素且主要应用于产品包装和广告物料上。这样就会出现一个问题，模仿和复制会易如反掌，也就是我常说的"假差异化"。

第三，必须做到"真差异化"，必须让产品真正进驻古建，真正服务古建，真正让游客体验，才能真的占位。作为建材类产品，如果要实现上述目标，只能与场馆的工程部门合作，等待场馆设施有更新需求时，参与标准招标流程和投标流程，周期和结果全部无法预测，最重要的是即使通过这个渠道成功进驻了，也是完全不允许进行相关宣传的，所以必须找到可替代的突破口。

第四，必须一次性拿下全部代表性古建地标，如果只拿下其中的几个，仍然会给对手留下模仿和复制的机会。必须打闪电战，在最短时间内让这些合作项目全部落地，这样才能造足声势，这样才能让品牌的影响力拉升到最高。

第五，不能做成品牌人的自嗨，必须间接带动销量，不产生销量的品牌宣传是我职业生涯的大忌。虽受品类特性所限，但也必须在品牌与销售之间找到一条更好的通路。

第六，品牌费用十分有限，必须选用最佳费效比的策略。就像之前提到的，故宫等首屈一指的古建早已作为国潮顶级IP爆红出圈，之前与其合作的企业，无论是规模等级、品牌影响力，还是所能匹配的费用，门槛之高，都是一般企业难以企及的。资源方如此强大，身为一个中等规模的企业，又受到品类特性和如此之多的执行原则限制，想把方案落地真的是难上加难。

迎难而上，遇强则强

执行路径清晰了，借国潮之势背书"民族品牌"，通过入驻顶级古建文化地标背书"行业领导品牌"，运用最少的花费、最快的速度、最大的声势，获取最优的性价比，最大化的品牌价值，掀起一场"起于古建、落于产品、归于渠道、成于品牌"的卫浴"心"国潮！

有时候，没有人走过的路，或许荆棘密布，但能收获更美的风景，探索终会值得。

这条不同寻常之路，注定了我们的国潮营销不能通过传统IP权益合作的方式来进行，必须选择公益之路。秉承公益之心，用china解读China，用陶瓷品牌服务中国文化。

有创造力，更要有执行力。艰难的谈判过程开始了！

迎面而来的最大质疑就是相关机构认为,企业虽是通过公益的方式来与机构合作,实则只付出了极小成本的产品,而回归到商业本质上却获得巨大的收益。与此同时,公益合作方式也会严重影响相关机构文创IP部门的商业运作项目,无法向前期合作企业交代,可能遭受很大的绩效损失。在他们的认知里,这属于"蹭热度"营销,没有任何必要为此承担风险,完全打消了合作意愿。我们获得的答复非常直接——"绝对行不通!"沟通无果,四处碰壁。

没有机构有意愿推进,反而更让我坚信:公益之路对于品牌而言,绝对是一条价值最大化之路。简单的事只能制造"假差异化",难做的事才能创造"真差异化"。正是因为没有人敢想,没有人敢试,所以一旦跨越坎坷艰难,就有更大的概率赢得惊喜!选择难而正确的路需要定力,被拒绝与"行不通"恰恰说明需要重新审视沟通和谈判的路径。这个时刻是对品牌人的考验,必须拿出真正的职业精神,把企业的工作当作自己的事业,必须爱拼敢赢,全力一搏。

我的这份笃定根源于民族文化复兴的大势所趋。国家多次就文物保护和文化弘扬做出重要批示:"古建是历史的载体,是中华优秀传统文化传承,是中华民族的根与魂。"这些方向给了我坚定的理由。

首先,中国古代建筑地标承载着5000年的中华民族历史和文明,如果其设施能使用我们自己的民族品牌,绝对是加分项,如果民族品牌有实力胜任，就没有必要在最璀璨的中华文化空间中使用外资品牌。

其次，中国的公共卫生革命方兴未艾，改善公共卫生不仅可以在乡村振兴领域提升百姓的生活品质，也可以应用在古代建筑的配套服务空间升级之中。民族卫浴品牌正是承接提升改造公共卫生责任的重要执行方，古建领域的相关改善需求也是民族品牌应当积极担起的使命。

最后，中国古建是中华文化的瑰宝，蕴含着东方哲学与东方美学，民族品牌应该比外资品牌更理解中国风格、中国元素。如果有机会进驻，运用中式审美，将产品技术、空间设计、舒适体验等全部融入古代建筑空间，既能匹配古建的格调，又能让参观者在感受历史文化之美之余体验到延伸的文化空间。

"古建美 中华魂"

苍天不负有心人。2019年12月19日，在故宫旁边的"衙门里"，我有幸结识了和蔼可亲的原文化部副部长、故宫博物院前院长郑欣淼老先生，在郑部长的点拨下，我们的古建国潮之旅真正开始入门了。郑部长对于将民族制造与古建环境相结合，用中国陶瓷服务中国文化的想法给予了肯定，并要求一定要将文化落到实处，要将体验落到实处。

接下来的半年时间里，我与一批批文化领域专家进行了深入交流，一次次向可敬可爱的古建文物工作者学习讨教。最终在中国文物保护基金会罗哲文基金管理委员会的大力支持下，联合发起了中国首个古建公益活动，通过产品捐赠、空间设计和参与改造工程，让民族品牌真正入驻超级历史文化地标。

中央文史研究馆特约研究员、中国书法家协会理事罗杨先生，是我有幸遇到的另一位大贵人，罗老师对于活动给予了鼎力关怀和耐心指导，亲自为活动主题命名，并亲笔题字"古建美 中华魂"。

至此"'古建美 中华魂'——中国古建筑文化匠心传承公益行动"拉开了序幕，扬帆启航！

故宫，我们终于上"新"了

600年故宫，巍峨紫禁城。这座被列入世界五大宫殿，这座集建筑艺术、使用功能、馆藏文物为一体的"世界文化遗产"，是中国现存最大、最完整的古建筑群，也是中国最大的古代文化艺术博物馆，更是全世界人气最高的博物馆之一。

就是在这里，一个民族卫浴品牌"上新了"，无比荣幸地开启了一场制造与文化、国潮与历史的碰撞之旅。每每回想当天的盛况，仍然激动不已，无比自豪。

2020年7月30日，时任文化和旅游部党组书记、部长雒树刚，原文化部副部长、中国文物保护基金会理事长励小捷，原文化部副部长、故宫博物院前院长郑欣淼，故宫博物院前院长、中国文物学会会长单霁翔，现任故宫博物院院长王旭东，多位文化界泰斗级大师齐聚一堂，共同出席我们与故宫的合作签约仪式。

规格之高，前所未有！影响之大，超乎想象！各大官方媒体、行业媒体竞相报道，当天累计传播曝光超过2亿人次，成为业界甚至跨界最热的话题！有史以来第一次，企业所在的泉州地方政府，主动借用我们的活动骄傲地宣传："故宫用上了家乡货！"品牌自媒体的阅读量、转发量、点赞量全部创下历史最高纪录。品牌的自我介绍也浓缩为一句："我就是进驻故宫的那个民族卫浴品牌！"

风驰电掣，步履不停

时间凝固了世界上最伟大的建筑：有着200多年历史，中国最大的皇家园林颐和园；世界元首的必访之地，绵延2000多年的八达岭长城；有着1300多年的历史，世界上海拔最高、规模最大的宫殿式建筑群布达拉宫；世界屋脊上耸立1300多年，藏式宗教建筑的千古典范大昭寺；世界佛教石窟雕刻艺术的巅峰之作，拥有1500多年历史的云冈石窟；被誉为"世界第八大奇迹"，驻守地宫2200多年的秦始皇陵及兵马俑；用文字和石碑镌刻900多年历史，中国收藏名碑最多的西安碑林博物馆；丝绸之路上矗立1600多年，"石窟中的石窟"，将"敦煌学"名扬世界的莫高窟……

这条艰难而荣耀之路，这条超越商业本身之路，这条华夏文明瑰宝之路，我终于走过来了。我们有幸聆听了以樊锦诗老师为代表的、一代又一代中华护宝人的动人故事。正是由于他们的坚守与大爱，才让这些珍贵的建筑和文物得以留存于世，让深厚璀璨的文明得以守住"根与魂"，让我们的后代得以身临其境地感受和领悟。而我们也为每一个伟大的建筑，用设计、技术、产品续写着空间之美与体验之美的融合。

公益初心，落到实处

2020年的疫情没有阻断我们前行的脚步。"将文化落到实处，将体验落到实处"，这句郑部长在活动伊始提出的要求，我一直谨记于心。

为了保证落实效果，我们做足了前期准备，筹备了古建项目工作组，调用了公司最好的资源，专项负责推进和对接，包含产品研发与设计、技术支持、空间设计、生产与物流、安装与施工保障等多个部门。团队依据每一个古建的不同特点与独特需求，量身定制、不断调整、努力优化，力争做出更好的整体解决方案。

最终呈现出来的效果获得了专家们一致的认可，适宜地融合了大环境的古建文化与小场景的卫生空间，将中国的智造技术运用到传统的文化领域中。

品牌与销售，公益与商业

于我而言，销售增长应当是品牌发展的水到渠成，商业受益必须是公益初心的顺其自然。

多年以来，国人认知中的高端卫浴产品，主要来自五星级酒店，基本源自外资领导品牌，高端商用市场也是其主导的、难以切入的赛道。2018年起,我们的品牌借助中国顶级地标"鸟巢"和"北京大兴国际机场",得以撕开了一个入口。2020年,企业商用赛道拓展继续突飞猛进,大热国潮活动为其在空间设计能力和产品品质保障方面提供了强有力的背书。

统计数据显示,2019年国内旅游人数达到60亿人次,入境旅游人数达到1.4亿人次。"古建美 中华魂"国潮公益活动,为品牌增加巨量曝光的同时,更让数以亿计的国人乃至来自全球的游客,都有机会看到我们民族的卫浴产品,体验中国"质"造和"智"造。

故宫的朱门红墙,颐和园的典雅清风,我们撷取古建元素为设计灵感,特别延伸开发了整体卫浴空间高端定制产品——故宫套系与颐和园套系,一经推出,再次引发行业轰动。销量增加的背后,是更多受众的关注,由此也进一步促进品牌承担起更多传播国潮、演绎国潮的作用。

活动也为品牌斩获众多年度大奖,包括科睿创新奖品牌创新金奖,家居领域顶级奖项"年度影响力品牌""年度IP营销大奖""年度整合营销大奖"等。

奔向下一站——名山大川

时间来到2021年,是止步于高光时刻,还是继续突破向前?

"我歌唱每一座高山,我歌唱每一条河",为我推开了一扇全新的窗。中国共拥有55项世界遗产,其中世界文化遗产37项、世界自然遗产14项、世界文化与自然双重遗产4项，在宝贵的古代建筑与园林之外，还有广阔的天地与自然。960万平方公里的壮美山河，屹立奔流的名山大川，是中国的脊梁和血液，是悠久华夏文明的土壤，也是国人内心由衷的向往。

在中国文物保护基金会罗哲文基金管理委员会的全力支持下，我们又踏上了新的"国潮"征程。"会当凌绝顶，一览众山小"的泰山，"只有天在上，更无山与齐"的华山，"清凉境界梵王宫，碧染芙蓉耸昊穹"的五台山，我也在继续攀登新的纪录。

如果说还有遗憾，那就是任职结束之时，名山大川之旅才刚刚启程。

我的卫浴"中国梦"

2021年我在企业营销大会上做了一次演讲，也算是任期内最后一次公开演讲，临上台前，我有感而发，写下了一段文字。

"我有一个梦，每座名山，每条大川都有本土企业的身影；我有一个梦，每个中国地标都飘扬着民族品牌的旌旗；我有一个梦，每位国人都能畅享健康舒适的卫浴空间；我有一个梦，让中国卫浴品牌屹立于世界之林。"

三年时间，我们的品牌价值涨了两倍，销售额翻了一番。做品牌不可沽名钓誉，"实至"才能"名归"，职业经理人每一次操盘的标杆案例也同时在积累和塑造个人品牌。如果反思心得，除了跨界的品牌思维，我想更重要的是对"国潮"的认同、对公益的敬畏、对品牌事业的热爱以及为企业创造价值的初衷。

感恩最好的时代

中国古建,名山大川,一直就在那里,并非我发现了它们。是这个最好的时代,是命运的垂青,让品牌人有机会去理解国潮、去领悟中国文化。

"古建美 中华魂",不仅仅是一次公益活动,也不仅仅是一次国潮营销,更是一次民族品牌承担社会责任,是一场彰显技术自主、打破外资垄断、用心传播国潮、弘扬文化自信的战役。对企业而言,这次活动不只是对自身底蕴的建设,也不只是品牌价值的飞跃,更是无上荣光的机遇。

"纸上得来终觉浅,绝知此事要躬行。"走过的路越多,越深觉自身的渺小。中华文化博大精深,源远流长,"用china读懂China",应该只是品牌人的美好愿景,大概是我们永远都无法企及的高度,我只是刚刚入门、刚刚上路而已。

努力读懂"心"国潮,才能真正玩转"新"国潮。

第五章

你的直播"值"吗?

第一节

贵不贵？值不值？

"无效"与"有效"

经常有人会问，"这个定价贵不贵？"其实这个提问方式并没有抓住问题的核心。更有意义的提问应该是，"这个定价值不值？"

两个问题的差别在哪里呢？"贵不贵"是问价格本身，"值不值"是问价格的合理性，也就是价值，不值才贵，而值就不贵。

每个人对于价值的判断标准，受到客观和主观的双重限制。客观条件包括社会发展阶段、个人财务状况、当下所处环境等；主观条件就是对性价比的认知，部分也来自客观条件的塑造。每个人的认知千差万别，对一件事物的定义自然也是个性化的。

举个例子：同样一瓶2元钱的矿泉水，对于极度欠发达地区的人们来说就是"奢侈"消费，对于发达地区的人们来说就是正常消费。同样一瓶矿泉水,对于同一个人,在日常生活里就值2元,但在极端生存条件下,就是无价。两瓶矿泉水,一瓶来自阿尔卑斯山稀有冰川水,定价20元,另一瓶来自无人知晓的普通乡村山泉,定价2元,盲测口感可能并无差别,但对于一个"追求高端生活品质"的人来说,前者才更值。

对品牌而言,其存在的本质之一,就是产生更好的溢价能力。在锁定目标人群之后,"贵不贵"就是无意义的,"值不值"才是有效的问题。当然,这个道理也是共通的,再便宜的东西,买回来放在角落吃灰,就是不值;很贵的东西,每天都使用,那就是真值;偶尔也存在不少"只买贵的不买对的"的消费者,他们其实交了智商税。又比如企业对于职业经理人的"定价",不应该用年薪的具体数字来衡量,而应该用年薪是否能产生超额价值来衡量。再如,很多企业选择广告制作商的标准中,报价一项占最高的权重,这就可能导致每次都选了报价最低的,而不是费效比最优的,但是企业忽略了最关键的一点:制作广告最终是为了投放市场,广告本身也是受众认知产品品质和品牌形象的重要途径,而投放预算又远远高于制作费用,如果花大价钱投了一支创意平平、质量一般的广告,那么最终效果就会大打折扣,反而造成了最大的浪费。

"直播"与"带货"

数据显示,2022年"双十一",以淘宝、快手、抖音为首的直播电商,总交易额达1814亿元,同比增长146.1%。对于异军突起的直播带货行业,我一直保持着较为审慎的态度,主要基于以下六个方面的考量。

第一,无论是主播个人信用危机,还是产品质量参差不齐,无论是流量"水分",还是大数据"操作",行业的野蛮生长,未来必定面临日趋严格的监管规范。

第二,2022年"双十一"期间,三大主流直播平台,成交额破亿的直播间超100个,破千万的直播间达1000个。头部主播强者恒强,众多小微从业者们实则进退维谷。

第三,在众多直播间里,都在进行"全网最低价"的简单粗暴式比拼。这种直播"值"吗?在承担日常经营的固定费用,加上主播佣金、坑位费、各种琳琅满目的优惠券等附加费用,再加上冷静期一过居高不下的退货费之后,品牌方有很大的可能只是"赔本赚吆喝"。长此以往,企业是否还有意愿去做好品质、做好服务、做好创新?消费者又真的能买到好产品吗?本想"买个值得",结果"捡了便宜",而当"便宜"变成竞争规则的时候,以后还能再买到"值得"吗?低价内卷没有赢家,差异化竞争才有未来。

第四,绝大多数直播带货,更像是传统电视购物的翻版,或者说是一个超长时段的促销广告，本质上是引导一种"冲动消费"，并非适用于所有品类，也并非适用于所有品牌。单价较低或快速消费品比较容易"带货"，但单价较高或耐用的消费品就基本不会产生即时需求。不知名的品牌比较容易推动"尝试"，熟悉的大众品牌其实就是一次性渠道优惠。

第五，大小企业都不愿错过新的风口，直播带货已经变得常态化，就像是一个24小时不打烊的线上门店。调查报告显示，对于是否有意愿在2022年"双十一"直播间购物的提问，有69%的受访者表示肯定，但这一数据较2020年已下降近20%。当消费者对一直在线的促销不再敏感，冲动购买的热情就会逐步降低。流量也好，达人IP也好，边际效用都会递减。"直播"只是形式，"带货"才是内容。如果短时促进销售的作用不再显著，那么直播带货背后的逻辑可能会面临重塑。

第六，"双十一"日渐回归理性，各大平台的竞争逐步回归良性，头部电商也在紧跟线上线下并举、促进实体经济的大势。无论通过什么渠道购买，消费者最终体验到的是产品本身，有价值的需求会永远存在，这也是直播带货最应关切的问题。大多数主播并没有把控供应链的能力，意味着并不能保障产品的质量。建立供应链的标准和规范，强化选品、包装、仓储、物流、售后的管理能力，从"带货"向"品质"转变，才是未来的竞争之道。

你若盛开，蝴蝶自来

2021年7月，轰动教育界的"双减"政策让新东方进入了前所未有的困境。2021年12月，北方大雪纷飞的时节，俞敏洪带领新东方转战直播带货，"东方甄选"应运而生。

截至2022年11月，东方甄选已拥有超2700万粉丝，从最初直播间的门可罗雀，一度暴涨到单场超770万人同时在线，创下单日销售额近7000万元的峰值、月销售额约7亿元的佳绩。仅用了半年时间，其直播间就跃升为抖音店铺销售冠军。东方甄选就像是寒冬中迎风盛开的一朵雪莲，不断经受着外界的压力和考验，也不断收获着成长和赞誉。

"一个长得像兵马俑的英语老师，在直播间里双语卖货""去别人那里听课要交钱，到这里买袋大米还能免费听课""董宇辉卖的不是玉米，是诗意的生活"，网友们这些走心评论的背后，不禁让品牌人反思：直播带货界的一股清流，凭借什么迅猛突围？

真诚是最有效的沟通

真诚是品牌的基石，也是东方甄选的底色。这份"真"，源自教书育人的本真，无形中会拔高对自律的要求，即使从教育转型为卖货也依然会将真诚设置为底线。人以群分，艰难时刻依然坚守，"因为相信所以看见"，董宇辉、孙东旭等一批情怀主播成为东方甄选最出圈的代表也是情理之中。难能可贵的是，大落大起之后，这些教书人依然安静从容地做着自己的本职工作。

还未火爆之时，董宇辉曾在直播间聊到以前的同事，一边用手不断擦拭着本就很干净的桌子，几度哽咽着说："虽然群里没有人发消息，但是现在都没有解散那个群。挺想他们的，等新东方好的时候把他们再接回来。"面对粉丝的关心，他说："以前我做老师的时候，我会穿白T恤或者西装外套来讲课，这样孩子们会觉得我很重视这节课。即使现在其实我大脑不转已经很久了，但是我每次上来之前，我还是要做30个俯卧撑。你们不要让我坐着了，我愿意站在这里，让你们知道，我真的很在意你们。"

真诚是敲开心灵大门的钥匙，既伪装不了，也模仿不来，人们总会感知到发自心底的声音。"向善"与"真实"也是品牌沟通的最有效之法。

甄选才是带货之道

在供应商眼里，东方甄选可能是他们遇到过最"难搞"的客户。从验厂到包装再到配方，与同行相比，东方甄选"磨"了近两倍时间才正式投入生产。多次进行工厂前期考察，在原料品质、研发团队、生产设备、包装配备、工人配置、卫生环境等所有环节都有严格的测评标准。与同类产品相比，东方甄选会选用价格更贵、质感更好的包装材料，投产之后每个月还会安排两次专人质检，物流合作方选择服务最好的顺丰和京东。以上种种都是选择品牌自营模式必须担负的责任。

尽管供应链管理流程繁复又严苛，但供应商们却愿意积极配合。因为仅仅半年时间，东方甄选几乎成为各家的头号大客户，甚至是唯一客户，一个直播间的拿货量能达到原有最大客户的3倍，或者一个直播间就能养活一个工厂。

高质量的选品是东方甄选的品牌基因。董宇辉也曾说，"如果第一次是为了情怀而买单，希望第二次是因为我带的货好。"

"直"播与"值"播

商业的本质是利己的，而消费者很难相信一个只想赚他钱的企业，东方甄选无形中做到了"利己"与"利他"的平衡。所谓的"知识付费"，更像是品牌的附加价值，不仅提供了优质产品，随赠了丰富知识，更为消费者建立了生产场景与使用体验之间的美好联想，让观看直播的受众短暂逃离现实的烦琐，感受片刻心灵的慰藉。

董宇辉在直播过程中有非常多精彩的表述。

"你后来去过很多地方，认识了很多朋友，也吃过很多饭，但每次吃饭的时候你总得迎来送往，总得谨小慎微，就连说话也不敢放开了说，好像吃得都不痛快。所以回到家里，家常的一盘土豆丝、一盘麻婆豆腐、一盘西红柿炒鸡蛋，你都吃得香甜。"

"我没有牵你的手，看过长白山皑皑的白雪，我也没有牵你的手走过十月的稻田，我也没有让你感受过山间吹过的微风，看见过奔腾的清泉，我也没有带你去看过沉甸甸的弯下腰犹如智者一般的稻穗，我没有带你去见证过这一切，但是亲爱的，我可以让你去品尝这样的大米。"

极具画面感的言语表达，回归质朴的生活态度，应时应景的知识分享，让大米不仅充满了幸福的味道，更蕴含了生活的意义。

东方甄选火爆出圈之后，知名作家梁晓声、麦家、刘震云，德艺双馨的演员陈佩斯、古天乐，经济学家刘润、薛兆丰等，这些在直播行业难得一见的大咖们，纷纷为"知识直播带货"站台，从哲学、文学、艺术、经济等多个维度不断为平台赋能，不断丰富东方甄选的内涵，加速打造"知识+产品+生活态度"的品牌理念，进一步让消费者产生叠加式的深度认同。

商业之所以有无限的可能，就是因为每个人都有自己的人生观与价值观，有追求精神境界的，也有追求质朴生活的，有为梦想而生的，也有乐得平凡的，有对品牌无感的，自然也有拥护品牌的。"你若盛开，蝴蝶自来"，东方甄选的品牌调性，恰恰吸引了一群对品质有追求、对生活有态度、对文化有情怀、对社会有责任感的受众。

品牌除了有品质的保障，更高阶的是承载某种精神价值，让消费者心甘情愿地为溢价付出，为"值得"而买单。有人评价说，"用户走进别人的直播间是为了省钱，走进东方甄选的直播间却是为了花钱。"不再依靠价格内卷，关注目标人群真正的需求，让价值链的每一个环节都受益，东方甄选让"推动销售"转变为"拉动购买"，让"直播带货"转变为"直播品牌"，让"直"播转变为"值"播。

东方甄选的"真"与"甄",实现了品牌的"真"差异化与"甄"竞争力,这个行业的"另类"搅动了原有的竞争格局,在寒冬中不断昭示着美好与希望,也预示着新东方迎来了新的春天。期待直播行业涌现出更多"有趣的灵魂"。

第二节

好的直播有态度

定量与变量

过去三年,因为抗击疫情的需要,很多品牌的线下推广纷纷转为线上直播,这也成为加速直播行业爆发的催化剂之一。企业直播常态化之后,产品自身成为一个定量,作为公共资源的直播平台也成为一个定量,尤其对于预算有限的企业来说,流量IP的合作门槛让其望而却步,那么唯一可控的变量其实是直播的内容与创意,是否能让"直"播变成"值"播,就是对品牌人策划水准的真正考验。

之前提到过,客单价较高、耐用消费品的直播带货并不能刺激即时冲动消费,对于关注度较低的卫浴品类更是如此,除了"双十一"等特殊节点的全网大促,这类企业的直播更偏重品牌传播层面，或者是针对渠道商的订货推广。

面对外资高端品牌的激烈竞争，本土卫浴企业想要做好直播，引发潜在消费者的关注，提振渠道商的信心，不能仅依靠价格促销，更需要过硬的内容策划，让受众感受到产品的附加价值，促进其了解企业的技术与实力，从而拉升品牌影响力，影响消费者潜在的购买决策，推动渠道商积极订货，做到真正的品效合一。

从2020年到2021年，我为所服务的卫浴品牌策划了七次直播，每一次的内容和话题都有所不同，完成了诸多行业首秀。职业经理人虽无法决定场次数量，但必须负责执行质量。在方案出炉前，我通常会关注以下五个问题。

第一，如何让受众感受到本土品牌在技术、品质、服务上，其实已不输于外资品牌？如何在智能卫浴市场上，争取到更多消费升级的潜在目标人群？

第二，如何更好地支撑品牌的"中国智能卫浴领军者"的定位？如何让潜在受众将品牌纳入认知和选择排序的前列？

第三，如何让低关注度的卫浴品类进入大众视野？如何更好地借势，找到品牌与热点的最佳关联？

第四，如何把直播策划为事件，引发更广泛的话题传播？如何策划更有新意的内容，引发受众的共鸣与互动，成为行业和媒体关注的焦点？

第五，如何让每一次的直播层层递进、形成体系、持续发酵？作为直播界的天花板，苹果每一次的新品发布会，都是技术、设计、品牌不断自我升级的系统过程，也是多年以来全球科技与品牌领域持续最热门的话题。不能浪费每一个品牌传播的机会，不积跬步，无以至千里，确保每一次制造影响力的同时更要创造叠加的品牌裂变效应。

态度直播，情怀直播

开启行业直播先河

2020年3月，因为疫情整个社会面临挑战，但危中亦有机，我应时策划了行业内首次直播新品发布会，以"晓智能，大健康"为主题，邀请知名财经媒体人吴晓波，讲述本土智能卫浴品牌的技术和品质故事，并结合抗疫需求推出功能性新品。

2020年8月，借势引发轰动的故宫国潮营销，我们携手地方政府，开启以"技术强国 国潮担当"为主题的直播，并推出以故宫、颐和园为设计元素的"潮庭套系"新品，成为行业国潮直播首秀；同年9月，又打造了行业首场以公益为主题的直播活动。

2020年"双十一"期间，为迎接北京冬奥会，我们联合体育总局与多名重量级奥运冠军，共同打造了行业首场"体育营销直播"，以"双十一全球冠军夜"为主题，开创了"奥运天团公益"和"行业慈善日"先河，同时推出全国首个运动员保障计划，赋予直播别样的温度。

2021年1月，恰逢企业创立30周年，我们顺势策划了"致敬九牧三十年 中国智造购热爱"的周年庆直播；两会期间，我们再次邀请吴晓波，完成行业首次工厂参观直播，展示了先进且有趣的5G智能制造过程。

"中国芯 敬百年"

如果让我选出自己策划的最满意的一场直播,应该是最后一场。

2021年7月,举国上下正沉浸在建党100周年天安门庆典的自豪和欢腾之中。作为一个成立30年的本土品牌,正是因为享受了时代红利才发展至今,那么该如何表达感恩之情呢?一个主题快速浮现在我的脑海里——"中国芯 敬百年",我们要递交中国制造的成绩单,要打造行业史无前例的红色主题直播盛典。

"XIN"具备丰富的话题延展性,特别适合当作串联整场直播的主轴。通过"与时代同频""与国家共振""与人民共鸣"三大篇章,逐一分解为"中国心""中国兴""中国芯""中国薪""中国鑫""中国新""中国星""中国欣"等8组分主题,全面立体地展示企业的初"心"使命、振"兴"未来的路径、智能制造的"芯"科技、公益事业的"薪"火相传、全"新"的卫浴空间产品、培养人才的育"星"计划,最终升华为祝福祖国"欣欣"向荣。活动规划一经宣传,整个团队都为之振奋。

厦门市政府领导、瑞金市政府领导、西门子中国区负责人,莅临直播现场给予大力支持。在"中国兴"环节,与西门子签订碳中和战略协议,成为行业首家用实际行动积极响应碳中和绿色使命的卫浴企业;与瑞金市领导一道,回顾了前期助力"红色地标"瑞金的公共卫生空间改造公益行动,展示了企业的社会责任担当,实力诠释了"中国薪"和"中国鑫";东京奥运会开幕在即，在"中国星"环节，特别邀请2008年北京奥运会女子双人十米跳台冠军、全国三八红旗手王鑫助阵，讲述中国奥运健儿的拼搏故事，并祝福中国体育代表团再创佳绩。

乐观者前行

每场直播都是一次品牌资产积累的过程，背后涵盖了技术、实力、责任、热点、创新、销售等全部要素。七场有态度、有情怀的直播，引发了地方政府、目标受众、行业的广泛关注，品牌曝光量达数亿人次，带动全渠道订货总额数十亿元，被媒体评为"有力度、有高度、有温度、有深度、有速度"的直播盛宴。

行成于思，毁于随，直播行业虽是风口，但盲目跟风并不能解决企业的实际问题，而是花钱打了水漂。面对新的市场环境与竞争格局，只有乐观者才能勇敢前行，只有洞悉本质的企业才能把握行进的方向。

第六章

你的公益"溢"起来了吗?

第一节

探寻商业的温度

♂ "利己"是本性，"利他"是智慧

有一则这样的小故事，听过后让人回味良久。

在一个无星无月的夜晚，一位远行寻佛的苦行僧走进一个村落，荒僻的村落异常寂静，没有一盏灯火。行至转弯处，僧人忽然看见黑暗中有一抹昏黄的灯光，正缓缓地从巷子深处而来，靠近一看，竟是白天遇到的一位盲人。

僧人十分不解，一个双目失明的人，黑夜与白天一样，看不见任何光亮，为什么此刻却挑着一盏灯呢？于是问："敢问施主真的是一位盲人吗？"对方回答："是的，我从生下来就从来没有看见过任何东西。"僧人又问："既然如此，为什么你还要挑着一盏灯呢？"盲人答道："我听人说现在是夜晚，如果没有灯光，其他

人会和我一样看不见,所以我才这么做。"

僧人若有所悟:"原来你是为别人照明啊!"盲人摇摇头:"不,我是为自己。""为你自己?"僧人越发糊涂了。盲人转而问:"你在这漆黑的夜里行走,有没有被其他行人撞到过?"僧人答:"当然有,就在刚才,我还被两个粗心大意的人撞到。"盲人听了,微笑着说:"虽然我什么都看不见,但我走夜路从来没有被人撞到过。正是因为我挑了这盏灯,既为别人照亮了路途,也让别人能看到我,不至于撞到我。"

僧人这才恍然大悟:"原来如此!人的佛性就像你手中的这盏灯,只要点亮了,即使我看不见佛,佛也会看见我。"

"自利则生,利他则久"

当我们谈论商业与公益的关系时,其实是在探讨"自利"与"利他"这对看似矛盾的概念。

诺贝尔经济学奖获得者米尔顿·弗里德曼认为:"企业唯一的社会责任就是增加它的利润。"在这种观点下,商业的本质是自利的,就是"通过洞察需求和满足需求,提供好的产品与服务,最终以营利为目的的活动"。与其相反,公益的定义是利他的,是"自愿通过行善举、做好事而提供给社会公众的公共产品"。

乍眼一看,商业的自利与公益的利他似乎是背道而驰的,企业好像没有必要从事公益活动,可事实并非如此。

首先,"自利"基因从人类诞生就天然存在,在丛林法则下,生存与自保是最强烈的需要,唯有自利才能保障个体的安全与利益。生存环境的变化加剧了获取食物的难度,个体独立生存的能力受到考验,群体意识逐渐萌发,分工协作的社会属性随之进化,"利他"效应也在群居模式中不断加强,仅仅追求自利的人,最终会被群体抛弃。而商业其实也是群体生活演化的结果,是一种更高阶的社会活动,也遵循"自利则生,利他则久"的社会规律,单纯追逐利益的自利是短视的,站在群体格局下的利他才是可持续发展的关键。

其次,在传统经济学的观点下,企业只需要对股东负责,但在社会经济学的观点下,企业还需要对员工、对社会负责。无论是新时代下"共同富裕"的远大目标,还是大众对于公平、正义等价值观更深层次的认同,都让"守法谋利"变成最低准则,而如何更好地承担社会责任,成为未来企业经营必须思考的问题。

最后,公益是最高层次的企业社会责任。著名管理学教授阿奇·B.卡罗尔提出了企业社会责任金字塔模型,大众对于企业的期望从低到高依次为:经济责任、法律责任、伦理责任、慈善责任。其中,伦理责任超越了经济和法律的要求,上升到道德准则和伦理规范层面,比如保障员工权利、维护消费者权益、节能环保生产等。而慈善责任,也就是利他的公益,是完全自愿的行为,是否承担或者承担多少,完全由企业自主判断或选择。对于企业来说,公益既有利于自身的品牌建设,帮助企业赢得更强的消费者信赖感,也有利于促进社会和谐共生。惠及他人,终将惠及自己。

经营之神，利他哲学

被誉为日本"经营之神"的稻盛和夫，一生秉承"利他哲学"，曾带领京都陶瓷、第二电信两家公司进入世界500强。在78岁高龄时，他受日本政府特邀再度出山，担任申请破产重组的日本航空董事长，仅用了极短的时间，就让日本航空实现了扭亏为盈的局面。稻盛和夫曾说："如果你真想经营好企业，那么一定要尽可能地让员工们感到幸福，尽量多为社会做贡献，具备这种光明正大的大义名分非常重要。只想着自己赚钱，把从父辈那里继承的家业做大，光凭这种只以自我为中心的愿望，员工们是不会心甘情愿努力工作的。"

什么样的领导者才是合格的企业领袖？稻盛和夫提出了五项标准——拥有使命感、明确目标并实现目标、挑战新事物、获得信任和尊敬、拥有关爱之心，其中的"使命感""信任和尊敬""关爱"，都属于利他之心的一部分。

稻盛和夫的自传《活法》中写道："利他本来就是经商的原点""求利之心是人开展事业和各种活动的原动力。因此，大家都想赚钱，这种'欲望'无可厚非。但这种欲望不可停留在单纯利己的范围之内，也要考虑别人，要把单纯的私欲提升到追求公益的'大欲'的层次上。"

品牌向善，公益至真

需要特别指出的是，公益绝不能流于表面、流于形式，而是必须专注利他本质，专心做好实事，绝不能沦为作秀的"一张表皮"，而是必须秉持行善的"一颗真心"。

鸿星尔克之所以引爆舆论，正是因为它通过公益的至真传递品牌的向善，用无法策划的公益实现无法预估的价值，用利他之心创造自利奇迹。就如政府部门的特别点评："鸿星尔克的一夜爆红，是一个善引发善、爱传递爱的故事，国内消费者支持鸿星尔克，实际上是人们对'好人有好报'的正义观的执着坚持！"

论及道德的价值，康德曾举过这样一个例子：假设一个店家要给一位顾客找零钱，如果他没有故意少找钱，就能说明他的行为是道德的吗？答案是并不一定。因为店家的逻辑可能是"如果我少找了钱，一旦被发现，这件事或许会被传出去，那么之后生意就没法做了，所以我不能少找钱"。这就是典型的出于错误的目的而做正确的事。"高尚的意志之所以高尚，并不是看它所达成的效果。高尚的意志因其本身而高尚。即使尽了最大努力仍一事无成，它依然会因其自身而闪耀着光芒，因为动机本身就已经包含了道德的全部价值。"

回归到公益上，利他之心是无私的，一个从善行为是否具有真正的道德价值，并不取决于行为所产生的结果，而是取决于行为的动机。"出于行善的初心"与"出于宣传的需要"，虽然可能产生相同的结果，但大众还是可以分辨其中的区别。

中国民间公益时代

马克思认为,道德是社会经济的产物。道德作为一种意识,会随着政治、经济、文化的发展而变化。当消费者对品牌的认知不再局限于产品性能,当大众对于企业的期望提升到伦理和慈善层面,社会自然会更倾向令人尊敬的、行为高尚的、有社会责任感的品牌。

社会主义核心价值观中,"富强、民主、文明、和谐"是国家层面的价值目标,"自由、平等、公正、法治"是社会层面的价值取向,"爱国、敬业、诚信、友善"是公民层面的价值准则。核心价值观也为中国企业如何践行公益事业指明了方向,即以民众的关切为出发点,以提升民族凝聚力、文化自信力为目标,传递社会正能量,促进社会和谐发展。

2008年被称为"中国企业社会责任元年",汶川大地震后,一大批企业从幕后走向台前,全力参与抗震救灾,大幅推动了全社会公益意识的觉醒。中国民间的公益时代已经来临,而这背后依赖的,正是不断涌现的无私投身慈善事业、积极践行社会责任的企业和企业家。

如果逐利的商业世界里还有一盏可以带来温暖与希望的灯,那么这盏灯就叫作"公益"。

第二节

更高维的品牌运营

虽然说商业是关于利益的管理学科,但它同时也是关于人性的心理学科。商业的运维就像一道哲学命题,在"生存"与"毁灭"之间,在"舍"与"得"之间,在"自利"与"利他"之间,不断地寻找着平衡的支点,而商业成长的可持续性,正是通过利他而获得的。

品牌的本质也是自利的,因为市场竞争是优胜劣汰的,消费者只面临一道单选题,品牌必须通过各式各样的营销手段打动受众,从而起到排除其他选项的作用。与此同时,企业资源又是有限的,在推广品牌的时候,往往首选广而告之的宣传策略,追求更大的知名度。

然而,广告的耳熟能详与品牌的值得信赖是两个不同的概念。广告的作用力是"拉力",是高额的媒介费用拉动目标人群的购买欲望,再转化为一定的购买力。而公益的作用力是"推力",是用真心换真心，引发更广泛受众的共鸣，激发出内心的动力，让其自愿成为品牌的消费者。

"利他"其实是看透事情本质、着眼长远的一种思维方式，公益则是品牌的一面镜子：企业的价值观是什么？企业背后是怎样的一群人？这面镜子照的是企业，看的是大众，回馈的是价值。正是公益的利他之心，促进产品价值向用户价值的转变，促进商业价值向社会价值的转变。

品牌之战是心智之战，公益是赢得品牌美誉度的最佳载体，好的公益远远比一个广告、一句口号更能够直抵人心。公益是更高维的品牌运营，有机会让品牌内涵得到更广泛、更充分、更有效的传播，从而"溢"出更高的品牌价值。正如曾国藩所说："唯天下之至诚能胜天下之至伪；唯天下之至拙能胜天下之至巧。"

"要捐就捐一个亿"

2008年5月18日,由多个部委和央视联合举办的募捐晚会上,王老吉品牌所属集团向灾区人民慷慨捐赠了一亿元,打破国内单笔最高捐款纪录。当企业竭尽全力地承担时代的使命与责任时,大众的回应行动也将是声势浩荡的。舆论被瞬间引爆,大批网友呼吁号召购买王老吉凉茶,很多超市的货架被抢购一空,品牌一夜成名,好感度更是爆棚,广告口号也从"怕上火喝王老吉"被演绎为"要捐就捐一个亿,要喝就喝王老吉"。

一罐降火的凉茶,为中国饮料市场加了一把火,王老吉销售额从2007年的90亿元直线增长到2008年的140亿元,甚至超越可口可乐的单品销售额,成为中国罐装饮料第一品牌。2010年,王老吉品牌估值高达1080亿元,成为中国第一品牌。

对于王老吉的爆火,有人归结为定位的功劳,有人认为是广告的声量,还有人说是事件营销的巧妙,但是同时期内定位精准的品牌不在少数,投放量更高的对手大有人在,同场捐赠的企业数量众多,却没有一家获得如此超乎想象的成功。

我认为造就这一商业奇迹的,恰恰是公益的利他之心。中华民族是善良的民族,"我为人人,人人为我"是民族高贵的品格,"同呼吸 共命运"更是华夏同胞心底深处的认同。在危难之际和大灾面前,民族的大义,爱国的情怀,喷薄而出,王老吉则为这种强烈的民族情绪又添了一把火,引发了国人巨大的共鸣,国人用自己的方式踊跃地参与这场刻骨铭心的救援行动,用抢购凉茶的行为彰显自己对民族品牌利他之心的赞赏。

王老吉的成功正是通过公益实现了更高维的品牌运营,"溢"出了意料之外的价值。当企业的公益不是喊口号,而是真正地落于实处,自然会收获社会的尊重与信任,从而有机会赢得更广的消费人群、更高的品牌价值、更久的商业利益。

品牌洞见

"爱心礼物行动"

2009年5月,我加入蒙牛乳业,负责集团品牌规划工作。很多时候,必须躬身入局才有发言权。那个年代,蒙牛速度、蒙牛模式、蒙牛营销堪称业界的风向标。那个年代的蒙牛,是第一家勇于将"强壮中国人"作为发展使命的乳企,是第一个为中国航天事业助威的企业,是第一个冠名选秀节目并打造出现象级爆品的企业,是创立仅8年就成为中国乳业第一的企业。蒙牛的优秀是毋庸置疑的,但快速成长的过程中也难免遇到困难和挑战,有时候可能是信息不对称造成的,有时候可能是被置于显微镜之下而放大造成的。往往名声越响,关注度也会越高,面临的问题就会越棘手,应对起来更加考验企业的智慧。

受到三鹿事件的影响,整个乳业都处于被质疑的风暴中,作为行业龙头的蒙牛更是首当其冲。我所在的集团品牌部肩负着重塑企业形象的重任,我们强化了第三方认证体系,从多维度来支撑品牌的品质属性,我们也优化了品牌架构,并制定了系统的公关预警机制。但是依然面临最核心的问题——如何迅速重构信任?

在当时的情况下,如果继续用高声量的广告去宣导,反而会引发负向效应,激起舆论的反弹,变成无效的投入,最重要的是会错失重建信任的黄金时机。因为广告是一种品牌"自利"的方式,是一种主观的宣告,无法为品牌赢得最为关键的信赖感。对于公众而言，企业说了什么不重要，企业做了什么才重要。

我坚持提议，应该撤下所有广告，避免陷入舆论战的拉锯，转而采用"利他"的公益，因为特殊阶段"无声胜有声"。尤为重要的是，此时的公益不应按照传统的公益营销模式来运作，不应是借助公益传播品牌的方式，而应是更纯粹的公益，用"润物细无声"的方式，让公众自发地感受到企业的真心，由衷地认同企业的用心，进而逐步恢复对品牌的信心。暂且忘掉营销，潜心做好公益！

找到公益的初心

回顾品牌的公益历程，早在2006年，蒙牛就联合中国奶业协会、中国教育发展基金会等机构发起了"中国牛奶爱心行动"。作为中国首个大型牛奶公益活动，蒙牛累计为超过1000所贫困地区小学的孩子们无偿送奶，助力增强少年儿童身体素质，也被喻为"健康希望工程"。

虽然原有的公益行动已经打下了较好的品牌基础，但是由于之前的捐赠活动是企业方发起的，在不利的舆论环境下，高调的公益也有可能被解读为宣传与营销的工具，因此我们需要全新的"进化"。

我认为，要想重建信任，就必须强化公益的利他属性，必须可以经受外界的审视。如果能从企业视角转向大众视角，把"我想"变成"我们想"，如果能吸引更多的人参与进来，亲力亲为、感同身受，那么就有机会打开彼此理解与信任的窗口。

当时的捐赠文档里记录着很多动人的小故事，其中一个给了我特别的启发。

在一个很偏远的山区学校，蒙牛定期为那里的孩子们免费发放牛奶。细心的工作人员发现，有一位小男孩从来都不喝，问他是不是不喜欢喝，他也不作答，只是腼腆地笑笑，然后默默地把牛奶装进书包里。一天放学后，好奇的工作人员悄悄地跟在他身后，走到家门口时，看到一个年纪更小的小女孩，她一见小男孩手里的牛奶，就特别开心地奔跑过来，抱着他说："哥哥，哥哥，我要喝牛奶！"见到这一幕，工作人员明白了，原来不是不爱喝，而是舍不得喝啊。小男孩后来说，他自己也没有喝过牛奶，但每次都想着留给妹妹喝，有一次他没忍住，偷偷喝了一半，把剩下的半盒带回家，妹妹却因此号啕大哭起来。小女孩只知道那一次的牛奶少了一半，却不知道每一次、每一盒牛奶都是哥哥出于爱而特意留给她的。从那天起，小男孩每次都可以领到两盒牛奶了，而两人的开心也会加倍了。

一盒小小的牛奶，在我们的生活中已经微不足道，但在他们的世界里却是如此美好的礼物。这不正是公益的力量吗？点亮一束微光，传递美好的希冀，看见孩子们天真的笑脸，看见人世间的真情流露。"爱心礼物行动"的创意在我心中逐渐清晰起来。

全民公益一起来

公益不仅是企业的责任,更体现了整个社会对于真善美的态度。蒙牛的"爱心礼物行动"是第一个将企业公益转变成全民公益的创新尝试。

山区孩子的一份爱心通过一盒小小的牛奶就可以承载,相信许许多多的孩子也同那个小男孩一样,都有一个城市人看起来稀松平常的心愿。"爱心礼物行动"也由此而来:网友作为爱心发起人,在第三方公益平台上推荐需要帮助的小学或者孩子,并讲述他们的故事,经公益团队考察审核后形成一个个"心愿",通过活动官网正式发布,其他网友再以"认领心愿"的方式共同参与进来。如果有人认领,蒙牛会以心愿认领人的名义再为每个孩子送出一箱牛奶,如果没人认领,蒙牛则会自动认领这个心愿。活动倡导网友替那些需要帮助的孩子们说出他们不为人知的境遇,收集孩子们心中最朴素的愿望,鼓励认领人用爱心和礼物回应这份美好的心愿,蒙牛则在幕后扮演支持者的角色。牛奶由此多了一重意义,不仅能为孩子们提供身体的营养,更能为他们提供心灵的滋养,让他们感受到爱的力量与被爱的温暖。

对于"爱心礼物行动",我规划了三个关键策略。

首先,要搭建最权威的第三方公益平台。为了获得最大的公信力,也为了吸引更多的受众,不能由企业方来主导,而必须选择独立的第三方机构,一个被社会广泛认可的平台,同时要弱化企业的形象,只是作为活动的合作伙伴助力支持。民政部评定的中国最高等级基金会——中国儿童少年基金会,最终成为我们的公益平台。

其次,要找到与主题最契合的目标人群。哪些孩子更需要"爱心"与"礼物"?答案自然是偏远与贫困地区的孩子,打工子弟学校的孩子,以及孤儿与残障儿童等困难群体。为了让他们也能获得健康成长的机会,除了需要长期有效的物质资助之外,还需要心理层面的关怀与辅导。这些孩子的经历和故事、善良与质朴,本身已经足够动人,会激发出更高的关注度和参与度,随着爱心被传递、被接力,更广泛的共鸣也产生了。

最后,要确保公益的全程透明化。我们协助中国儿童少年基金会搭建了一个爱心公益综合平台,包含信息发布、查询、反馈、互动等多种功能,确保信息全面公开,接受全社会的监督。企业不再是公益主导方,没有权力选择支持哪间学校或者哪个孩子,审核流程是标准化的,全部由基金会独立且公正地完成。最终实现孩子们心愿的时刻,心愿认领人也会受邀一同见证。无论是爱心发起人,还是心愿认领人,都是完全站在利他的角度,而企业退居幕后为公益保驾护航,最大限度确保了活动的透明度。

开启心愿采集行动

我们公益平台上信息征集的文案如下。

"你可能认识这样一群特殊的孩子,他们被贴上贫困、留守或者孤残的标签,甚至很少有人关注过他们。每天为了上学他们要独自翻山越岭,在简陋的教室里度过每个寒冬酷暑。一件羽绒服,几包方便面可能就是他们奢侈的心愿,微小得让人心痛。

我们现向广大热心网友发起贫困地区学校征集活动。亲爱的朋友,如果你周围存在这样的学校和孩子,请将它推荐给'爱心礼物行动'。推荐中请尽可能详细地注明学校所在的地区、学校规模、贫困程度、所急缺的物资等信息。您所推荐的学校经过爱心礼物行动审核确认后,将列入我们帮助的名单。

我们将前往贫困学校采集心愿,并通过号召爱心人士认领、招募志愿者服务、免费送牛奶、心理帮扶等活动,让社会的共同关爱温暖他们的童年。"

跟随网友提供的信息,我和基金会一同踏上采集心愿的路途,一次又一次的动容与哽咽也扑面而来。

"我可以要一个护手霜吗?"

故事里的小女孩上四年级了,但是瘦小的身体只有1.1米高,满是脏污的衣服在她身上显得异常肥大,冬天的寒风也把她的小脸吹得皴红。当我问她最想要什么礼物时,她回答:"我可以要一个护手霜吗?"我有些诧异,通常这个年纪的小女孩或许会想要一身美丽的衣服,或者是一个可爱的书包,但一个护手霜的意义又是什么呢?随后小女孩告诉我,冬天教室里只有一个小煤炉,大家都特别冷,而老师握着很短的粉笔在黑板上写字,手上被冻出了很多小口子,她希望能送给老师一个护手霜,这样"老师的手就不会那么痛了,就能更好地教我们了"。一个再短也舍不得扔掉的粉笔头，一双被冻裂了还坚持耕耘的手，一群渴望知识的贫困留守儿童，这一切都让人不忍直视。这个小姑娘其实自己什么都没有，明明可以为自己许愿，却一心想着他人，一个微小的愿望背后包含着大大的爱心，一个幼小的心灵早早懂得了"利他"的含义，这不正是"爱心礼物行动"的初衷吗？这些人和事甚至比我们设想的更加动人。

"我要当贝利！"

这个故事的主人公是个小男孩。当我向他确认想要什么礼物的时候，他说想要一双球鞋，这个愿望倒是我可以想象的，毕竟爱玩好动是小男孩的天性，但是原因依旧是我无法想象的。小男孩告诉我，学校没有操场，也没有足球，所以小男孩就在教室门口的硬土地上，把破旧的纸箱拿来当足球踢。他特别喜欢足球，甚至拥有一个远大的梦想——成为和球王贝利一样伟大的球员。如此乐观积极的孩子，物质生活却如此匮乏。小男孩脚上的球鞋，已经破了两个大洞，露在外面的脚趾，仿佛也在坚强地向我诉说着他的足球梦。理想与现实的巨大落差，让人无比的刺痛。我们不能帮他实现世界球星的梦想，但是我们可以给他一份"爱心礼物"，一双球鞋、一个足球、一个稍微平整的球场，一个拥有更多温暖的童年。

"一张车票和一桶方便面。"

第三个故事发生在一个偏远乡村的留守儿童学校。小男孩与日常生活中见到的孩子多少有些不一样，少了这个年纪本该有的天真无邪，而是非常的腼腆害羞，眼神有些闪躲，不大敢与我对视。当我问他想要什么礼物的时候，他想了很久才说："可以要一张火车票吗？"之后还是老师告诉了我们原因，小男孩的父母长期在外地打工，一年都不能回一次家，连打电话都是很奢侈的事，小男孩非常想念父母，想要一张火车票可以到他们打工的城市看一看。"我已经长大了，怕他们见到我的时候认不出我了，"小男孩又说了一句，"叔叔，我还可以再要一桶方便面吗？我想把它带给爸爸妈妈。"现场所有人都瞬间破防了，在小男孩的世界里，一桶方便面竟是最好吃的食物，是带给一年未见的父母最珍贵的礼物。

"爱心礼物行动"起航

2009年12月18日，"爱心礼物行动"正式上线。元旦将至，第一季活动就叫作"爱的新年礼"。

在活动官网上，孩子们纯真的心愿一个接一个地跳动着：一个护手霜、一双球鞋、一张火车票、一桶方便面、一盒荧光笔、一副近视眼镜、一个可以代步的轮椅……每一个小小的愿望背后，都藏着一个动人的故事。

令人惊喜的是，几百个心愿仅仅发布三分钟后，就被一抢而空。认领心愿的名单里，竟然还有几位明星的身影，BoBo组合、李宗翰、邓家佳等，纷纷在微博发起爱的倡议。

刚刚摘得2009年英国锦标赛冠军的丁俊晖，还没有来得及庆功和休息,一回国就同我们一起奔赴首站线下活动现场——北京"白菜小学"。那里聚集了100多个来自全国各地的流浪儿童,创办爱心学校的校长,也被孩子们亲切地称为"白菜爸爸"。丁俊晖作为"爱心大使",在零下10摄氏度的天气里,"零片酬"拍摄公益短片,以号召更多的人加入公益行动。

网友的关注也如潮水般涌来,"爱的新年礼"专题页面吸引了超过37万名爱心人士关注,丁俊晖的公益短片点击率高达130万次,BoBo组合一篇号召微博赢得50万人次的阅读量,开心网自发的爱心转帖更是创下超205万次的浏览记录。据不完全统计,第一季活动总关注人次高达1100万,"爱心礼物行动"也一炮打响。

2010年5月7日,第二季活动启动,我们走进上海大别山小学。这样一间外来务工人员子女学校,位于中国最繁华的都市。一线城市的喧闹似乎和孩子们无关,他们的内心还是那样简单质朴。学校里一共有694个孩子,他们美好的心愿全部被采集发布。

2010年6月28日,第三季活动"汶川心愿"上线,我们赶去了在大地震中遭受重创的地方——绵阳安县茶坪乡小学,学校里有好几个孩子在地震中失去了亲人,希望爱心礼物能带给他们些许慰藉。香港艺人陈晓东作为"爱心大使",也专程赶来为孩子们补过了一个暖心的儿童节。311位汶川孩子的心愿被发布到官网上,其中有一个特别的心愿得到了特别的回应:一个孩子的心愿是想要一张歌手张杰的签名照片,原本以为会难以实现,但出乎意料的是,几百位热心网友在微博上发起了一次爱心接龙,最终得到了张杰团队的关注,他们特意通过主办方给孩子们送去了签名照片和问候。

2010年12月14日,第四季活动"阳光新年梦"启动,我们探望了北京太阳村,那里的孩子大多为服刑人员的子女,还有一些是孤残儿童。"爱心大使"李宗翰也特别赶来,全情投入地陪孩子们玩闹嬉戏,热情洋溢的笑容仿佛也向孩子们的心里投射了一抹冬日的阳光。太阳村还有两个特殊的小女孩,来到太阳村时只有不到一个月大,是从人贩子手中解救下来的,叫作"小草莓"和"小蜻蜓"。家乡是云南,这是关于她们身世仅有的线索。当为她们寻找亲人的心愿被发布后,立即获得了社会各界爱心人士的大量关注,李冰冰、舒淇、马伊琍等著名演员主动通过个人微博帮助转帖,云南的多家媒体和当地警方也积极协助寻亲,形成了一次大范围的爱心接力。

至拙能胜至巧,惠人终将惠己

至此,历时一年的"爱心礼物行动"圆满收官。四季活动实现了全国各地数千名贫困孤苦孩子的心愿,数万名爱心人士积极报名参与志愿者服务,官网心愿认领页面日均点击量高达几十万人次,活动总曝光量突破数亿人次;人民网、腾讯、12580等众多主流媒体无偿对活动进行了大力推广,当时蓬勃发展的新浪微博更成为网友参与爱心接力的重要阵地;微软、联想、NBA、肯德基、华润万家等21家知名企业陆续作为公益行动合作伙伴鼎力加盟,中国银行为活动定制了专属联名信用卡;近百位各界明星自发认领心愿,主动帮助宣传,甚至作为"爱心大使"现身活动现场亲力亲为;活动官网特别设置了爱心公益拍卖平台,爱心企业、明星大使等纷纷拿出具有纪念意义的物品进行线上拍卖,拍卖所得全部用于公益行动。

"爱心礼物行动"始于一家企业的一颗爱心火种,渐渐发展成燎原之势,善意萌发了更多的善意,爱心汇聚了更多的爱心,社会关注度和参与度远远超出了最初的期望,企业公益也成功"进化"成全民公益。

可以说,"爱心礼物行动"是个费效比"惊人"的项目,实际投入非常低,除了搭建平台、日常运维等基础成本以外,几乎没有其他花费。与传统"公益营销"相比,更节省了大量的公关传播与明星合作等预算。活动之所以能创造远超预期的效果,我认为恰恰是由于更纯粹、更利他的公益初衷。从"企业为主导"向"社会为主导"的转变,商业形象的淡化、公开透明的机制、权威平台的背书,这一切成就了全民公益模式,原本"低调"的企业公益也被舆论推向了"高调"的品牌事件。一个成功的公益活动,超越了自身的价值,最终成了一个更加软性的品牌广告,一个深入人心的品牌故事。

蒙牛在献出爱心的同时,社会也多了一个深入了解企业和品牌的机会。对于构建信任而言,潜移默化的影响,远远胜于高声的宣导;感同身受的分享,远远好于灌输式的教育,只有营造出让消费者能切身认知到的好，才是真正占领了消费者心智的好。随着公益"拉力"的显现，越来越多的人愿意放下成见，尝试消除误解和困惑，重新了解和接纳企业。公益的利他行为也逐渐重建了大众对于品牌的信任，惠人最终实现了惠己。

那些年，我国刚进入移动通信的3G时代，新媒体发展方兴未艾，创新的"话题+明星+新媒体+线上线下互动"方式，开拓式的全民公益模式，赢得了社会的广泛认可。

那些年，历经了阶段性的困境之后，蒙牛的销售额增速又逐步恢复到了两位数，从2009年的257.1亿元增长到2011年的373.88亿元。

那些年，营销凶猛的蒙牛也让公众看到了英雄柔软的一面。

逆境重生的背后是蒙牛人肩并肩倔强坚守的身影，是产品、研发、供应链、销售等所有环节的每一位员工的付出与贡献。身为蒙牛的品牌人，我也为自己当初的坚持、快速的行动响应以及敢想敢拼的蒙牛精神而倍感自豪。

我内心深处一直相信，每一个企业无论大与小都可以做公益，公益既是一种对社会的回报，也是一个让大众真正了解企业的良机，爱心本身更不分多与少，只要企业真心去做有益的事，切切实实的解决问题，而不是虚假的作秀和炒作，自然而然会赢得社会的认可与信任。或许从短期来看，公益对营销并不一定能产生即时收益，但是从长远来看，坚持不懈的利他行为，终将会积累和反映在品牌资产上，看似至拙的做法，其实是更高维的品牌运营之道。

坦诚地讲,最初我也无法想象,一个公益的创想对我来说将是一场怎样的心灵净化之旅,这段旅程也让我更加坚信品牌向善的力量与利他公益的伟大。正如康德的经典格言:"有两样东西,越是经常而持久地对它们进行反复思考,它们就越是使心灵充满常新而日益增长的惊赞和敬畏:我头上的星空和我心中的道德法则。"

第七章

你的品牌有故事吗？

第一节

品牌的本质是动人的故事

美剧《权力的游戏》大结局有一句发人深省的台词:"是什么让人们团结起来?军队?黄金?还是旗帜?其实是故事。一个好的故事是世上最强大的力量,没有什么能阻止它,没有敌人能打败它。"这是一位重臣推举王位候选人时给出的理由。最终一位意料之外的人、一位身患残疾的人,凭借其跌宕起伏却精彩绝伦的人生故事,登顶权力的王座。

古今中外,无论是上古神话,还是民间传说,无论是王侯将相,还是草莽英雄,无论是名著传记,还是寓言童话,任凭朝代更迭、城池湮灭,好的故事总会拥有强大的力量,总会流传下来。听故事的孩童是最雀跃的,讲故事的老者是最欢喜的,民众的喜闻乐道驱动着故事的传承。

国家如此,个人如此,品牌亦是如此。是什么让品牌吸引大众的关注?是什么让品牌传播开来?其实是故事,只有好的故事才可以让人们口口相传、长久记忆。

品牌故事不是说出来的，而是实实在在做出来的。企业家的一言一行，引领行业的技术创新，设计感爆棚的新品发布，令人惊艳的广告创意，话题十足的事件营销，共鸣深刻的公益行动，忠实用户的品牌演绎，如此种种，都是品牌故事最好的素材。在时代大势的叙事背景下，吸收融合民族的特色文化、国家的历史底蕴，源源不断地为品牌注入新的精神内涵，这样才能形成动人的民族品牌故事。

品牌做得好，既要讲求技术，也要讲求艺术。讲好品牌故事就是艺术的部分，就像写好一部小说，拍好一部电影，都需要打动人心、引发共鸣。而正是这些故事所创造出的情感价值，赋予了品牌难以模仿的差异性和难以超越的竞争力。

许多百年品牌、顶奢品牌、文化品牌，都非常擅长讲故事。我们也必须敢于承认，西方品牌在讲故事的"软实力"方面的确让人叹服，它们积累了深厚的底蕴，具有先发优势，特别善于挖掘、善于表达，在这点上中国品牌与它们的差距还非常之大，它们的成功之路值得我们用心学习。

品牌洞见

🎯 这不是摩托，这是哈雷

大导演昆汀·塔伦蒂诺的经典之作《低俗小说》中有这样一幕——男主角骑着哈雷杀出血路的时候还不忘跟女友强调："这不是摩托，宝贝，这是哈雷。"

一个120年来，经历了战争、大萧条、被收购，却依旧屹立不倒的品牌，一个让美国前总统里根、亿万富豪福布斯、摇滚灵魂人物"猫王"、好莱坞硬汉施瓦辛格成为铁杆粉丝的品牌，一个远远超越了产品本身、代表骑士精神的品牌，它的背后有怎样动人的故事呢？

每次骑行，皆是传奇

1903年，哈雷与戴维森两兄弟在美国密尔沃基组装出一辆单缸摩托车，自此世界上诞生了第一台"哈雷"。

1905年，美国独立日，哈雷在芝加哥举办的比赛中勇夺冠军，开始走进大众的视野。

"一战"期间，哈雷作为承包商为美军生产战备摩托。"一战"宣告停战的第二天，美国士兵罗伊·霍尔茨骑着哈雷第一个踏上德国领土，哈雷也一跃成为"勇士"与"胜利"的代名词。

1920年，哈雷已在全球67个国家拥有约2000家经销商，一举成为世界上最大的摩托车制造商。

1928年，第一件哈雷真皮夹克问世，随后头盔、皮手套、牛仔裤、皮靴等更多周边产品应运而生，宣告哈雷文化开始以更多样的形式融入大众生活。

1937年，哈雷工程师乔·佩特里制造出一款新车型，创下每小时219公里的世界速度纪录。

"二战"之后，历经炮火的洗礼，哈雷成为退伍军士们生命中不可分割的一部分，他们开始利用自己在战时学会的机械技术，自行改装哈雷，先是追求速度的张扬，之后又逐渐追求造型的张扬，改装从技术变成了艺术，"无改装 不哈雷"成为骑士们对驾驭自我的最好诠释。

1956年，"猫王"埃尔维斯·普雷斯利携爱车一道亮相杂志封面，引发全球轰动，霸气彪悍的哈雷瞬间成为无数粉丝心中的梦幻座驾，这辆星味十足的摩托如今已被哈雷博物馆珍藏。

1969年，嬉皮士文化经典电影《逍遥骑士》上映，将无拘无束、随处为家的骑士形象带入人们的视野，纯金属的坚硬质地、炫目的色彩，大排量、大油门所带来的轰鸣声，甚至烫人的排气管，都成为那个年代每一位向往自由的人的精神图腾。

1983年，哈雷厂组建了哈雷车主会H.O.G.(Harley Owners Group)。HOG英文原意是猪的意思，有趣的是，哈雷与小猪的确有一段故事。1920年，哈雷官方车队有一位特殊成员，是一名车手的宠物，也是车队的吉祥物，一只可爱的小猪！每当成员赢得比赛，它都会坐在胜利者的油箱上，和车手绕场骑行一圈。这样经典的画面，深刻在车迷和媒体心中，从此，车队有了个响亮炸街的名字"Harley Hogs",而简化版的"HOG"逐步成为哈雷爱好者的代名词,甚至出现在第三版《美国俚语词典》中。

哈雷车主会主张"自由、进取、独立、个性、品位"的理念,启动了一系列社群建设项目,通过"轰鸣"社交,找到真正志同道合的人,"以满足骑手们分享激情和展示自豪的渴望""点燃永不熄灭的激情之火"。这些项目包括工厂参观之旅、骑士交流平台、哈雷大奖赛、哈雷故事会等,其中最隆重的要数周年庆活动,骑手们从全美各地出发,驶向哈雷总部的骑士之家,沿途每到达一个城市都会开展聚会活动,骑行的队伍也会日益壮大浩荡,汇集成一道独具特色的风景线。生性自由的骑士,因为哈雷聚在一起,H.O.G.是哈雷家族的代名词,更是所有骑士的梦想之地和心灵归宿。

骑士精神,美国故事

哈雷品牌的成长故事,正是美国品牌的发展故事,哈雷的骑士精神与文化,承载着美利坚民族的精神与文化。在品牌的壮大历程中,哈雷一直顺应时代大势,引领时代潮流,把握每一次塑造品牌的机遇,成为美国不同时期不同阶段硬汉气概的独有标识。

虽然哈雷坐拥强大的技术,产品性能更是卓越领先,但在品牌传播中这些优势早已无需多言。如果仅依靠性能与技术取胜,那哈雷也还只是一辆重型摩托车而已。无论是简约轻量化的Bobber风格,还是讲究老式弹簧头的Old School风格,抑或是追求宽大后轮、浮夸招摇的高车把等大刀阔斧改动的Chopper风格,产品的个性化设计更像是对品牌精神的一种外在视觉诠释。"朋友,哈雷店里不卖摩托,只卖哈雷",跳脱品类局限,跳出产品竞争,哈雷贩卖的是品牌理念、生活方式和潮流文化。

四轮承载的是躯体,两轮承载的是灵魂,而哈雷就是灵魂的永动机。永远在路上的金属荷尔蒙,自由大道、原始动力和美好时光的代名词,让哈雷拥有无数极度忠诚热血的粉丝,形成了独树一帜的文化圈层。有人说,如果世上有一个品牌,可以让拥趸们无怨无悔地将它文在身上,伴随一生,那么这个品牌一定是哈雷;如果世上有一个品牌,它的故事每天都在被不断地诠释、不断地传承、不断地创造,那么这个品牌一定也是哈雷。每一位骑士心中都有一个追求自由和自我实现的故事,他们相互感染、深度共鸣,创造着属于自己的,也是全新的哈雷传奇。

"路从这里开始,没有尽头。"

书写自己的传奇——可可·香奈儿

站上潮流之巅

1952年,有记者问玛丽莲·梦露:"您睡觉时穿什么?睡衣,睡裙,还是睡袍?"她轻声回答:"我只穿香奈儿5号入梦。"好莱坞炙手可热的女神,再度让这款完美诠释法式优雅格调和女性永恒魅力的香水,站上世界时尚的巅峰。

这支诞生于1921年的香奈儿5号香水,是香奈儿品牌首次跨界推出的标志性产品,被称为"第一支有女性味道的香水",曾创下在全球每55秒钟就销售一瓶的纪录。有人曾这样说:"世界上只有两种人,一种是喜欢香奈儿5号的人,一种是还没读懂它的人。"1959年,香奈儿5号的香水瓶作为二十世纪的象征之一,被纽约现代艺术博物馆纳入永久藏品之列。

然而作为香奈儿品牌背后的女主人,加布里埃·香奈儿的人生并没有像童话那般美好。

加布里埃·香奈儿出生于1883年,因为母亲的早逝,很小就被送往修女院学习。在那里,她学会了如何缝纫,受到修女院建筑风格的影响,让她对于图形和色彩产生了异于常人的理解。严苛的成长环境让她懂得,必须相信和依靠自己,坚强和勇敢也逐渐成为她的铠甲。

离开修女院后,加布里埃·香奈儿在第二段感情中遇到了自己的"缪斯男神"——亚瑟·卡柏。理想的丰满终究难抵现实的残酷,在奔赴爱人的路上,亚瑟·卡柏不幸遭遇了车祸,离开人世的时候还戴着香奈儿送给他的白色丝巾。这段刻骨铭心的回忆,让香奈儿女士将余生全部的爱投入她与卡柏一起开创的时尚世界里,最终成就了自己的传奇。

女性觉醒与解放之路

19世纪末到20世纪中期,女性追求平等权利的思潮开始涌动,香奈儿女士也一直走在时代的前列。为了迎合男性的审美,那个年代的女士服装会扭曲或束缚女性曲线,采用繁杂的设计与装饰,让人只看到"花瓶",却忘记了里面的鲜花,只看到僵硬的服饰,却忘记了里面鲜活的人。

香奈儿女士曾说:"我们走到了尽头,一个丑恶的时代该结束了。"她拒绝身着古板束腰的裙装,而是穿上自己设计的西装出席宴会,她拒绝用传统的女士姿势单侧骑马,而是和男士一样,双腿跨越在马背上。这些自由不羁的行为和桀骜不驯的气质,让香奈儿女士与那个时代的审美产生了巨大的分歧,但也塑造了一种特立独行的另类魅力。基于对男性服装的设计与功能的见解,兼顾舒适与优雅的女装风格也在她的心中开始酝酿。

在21世纪之前,香奈儿品牌从未涉足男士产品,所有作品均服务于女性。

1910年,香奈儿在巴黎开设了一家女装帽子店;1914年,香奈儿开设了两家时装店；1926年，香奈儿设计了风靡世界的"小黑裙"着装，引发了一场时尚界革命；1932年，香奈儿推出由654颗钻石镶嵌而成的高端珠宝首饰，为其奠定了奢侈品品牌地位；1954年，香奈儿启用极简实用美学，搭配源自苏格兰的斜纹软呢面料，打造出香奈儿最具标识性的经典外套。

这款设计灵感源于男装的外套，却在香奈儿的演绎下成为女装典范，并且近70年来经久不衰。香奈儿女士曾说："有些人认为奢华的反义词是贫穷，其实不是，奢华的反义词是粗俗。""一套衣服的优雅之处，正是在于其动静皆宜的舒适感。"

打破传统的约束，期望将女性从繁复中解放出来，享受舒适、自由、优雅的服装，追求更深层次的精神自立，散发女性独有的永恒魅力，香奈儿女士的一生都致力于此。

或许是生活的考验，或许是命运的捉弄，加布里埃·香奈儿的人生跌宕起伏，但恰恰是与现实的抗争，磨炼出一个独立思考而热爱生活的女性。作为一个时代的标志性人物，香奈儿女士用她的故事，书写了女性时尚与自由的百年经典。生活不曾取悦于她，但她亲手缔造出属于自己的传奇。

时尚 ICON 永不褪色

香奈儿从一家帽子店成长为全球顶级时装品牌，甚至是巴黎这个世界时尚之都最为宠爱的品牌，却在香奈儿女士逝世之后日渐式微。幸运的是，时尚之神再度垂青于它。1983年，香奈儿遇到了发展历程中第二个灵魂人物——"老佛爷"卡尔·拉格斐。"时装界的恺撒大帝"成为香奈儿的艺术总监，卡尔提炼出香奈儿的优雅精髓，又恰如其分地将运动与摇滚元素注入其中，并将高级定制系列发扬光大，凭借其犀利独到的眼光和大胆前卫的革新，香奈儿在他的引领下又重回往昔巅峰之路。

与其说香奈儿选择了世界上最美丽、最优雅的女孩作为代言人，不如说这个世界上最自由、最有品位的女孩都希望自己能为香奈儿代言。玛丽莲·梦露、吉赛尔·邦辰、凯拉·奈特莉等世界超级明星，用无比闪耀的独特魅力诠释着香奈儿的女性新世界。

香奈儿女士与香奈儿品牌的动人故事，也不断地被电影导演和艺术家们诠释演绎，并数次被搬上大荧幕。甚至连香奈儿的双C标识都流传着各种美好的源起版本。

有人说，加布里埃·香奈儿为了纪念此生的唯一挚爱亚瑟·卡柏，将两人的姓氏Chanel和Capel的首字母两个C字，交叉联结在一起，寓意两人永不分离。

也有人说，加布里埃·香奈儿小时候在修女院学习，每天做弥撒时都望向教堂的彩色玻璃墙，那上面正好有形似双C的图案，所以这个设计源泉来自上帝的启示。

还有人说，加布里埃·香奈儿年轻时曾在一次派对上，上台献唱了一首《谁见过可可》(*Who Has Seen Coco*)，台下观众热情地喊她"可可！可可！"，于是她干脆给自己改名为可可·香奈儿，这个新名字也伴随了她一生，而双C设计正是源自"Coco"。

香奈儿早已不再是一瓶香水、一个手袋或一套服饰,而是一个时尚ICON,一件艺术作品,一个百年传奇。"当你在购买一件香奈儿产品时,你是在购买一种理念。"可可·香奈儿也曾说:"当你苦于没有合适的衣服出席重要场合时,那么你就穿一套香奈儿女装吧。"

Dream It Possible

2015年，华为选择了美国摄影家亨利·路特威勒的获奖代表作《芭蕾脚》作为广告画面来传播品牌形象。在摄影作品中，一位芭蕾舞演员的两只脚呈现巨大的反差：一只脚穿着崭新的舞鞋，看起来优雅又光鲜，旁边的另一只脚，伤痕累累地赤裸着，变形的脚趾上缠绕着细碎的绷带。照片中的女主角，是美国一位顶级的芭蕾舞者，经过20年日复一日的磨炼才登顶巅峰。极具视觉冲击力的画面，配上震撼人心的广告语——罗曼·罗兰的名言"伟大的背后都是苦难"，华为希望用全世界都看得懂的画面和语言，讲述奋斗者一路走来的故事，传递用通信技术联结世界的品牌梦想，并借此表达：正是源于30年来看不见的坚持和不懈的努力，才成就了当时走向世界的华为品牌。如今站在新的时代形势下，回头来看，当初这种自我表达方式多少蕴含着一点"强势"。

2018年，作为中国领军品牌的华为又一次站在了世界的风口浪尖上。面对贸易战中他国的制裁和对手的围剿，面对单边主义和双重标准，技术的流动遭遇国界限制，品牌的塑造更加难以跨越国别。华为在这场狂风暴雨中，没有选择停滞不前，而是努力调整自己，应对环境变化的挑战。

2019年，华为启用了全新的传播策略，不再强调技术，不再直接输出自我，而是转而运用更有温度的表达方式，用科技向善讲述关于爱和梦想的故事，将品牌形象变得更加柔和，就如同

"利万物而不争"的流水一般，缓缓而自然地走进全球受众的心里。

华为在新的主题广告中讲述了一个从小心怀音乐梦想的小女孩成长为钢琴才女的故事。

"伴着钢琴声，小女孩从睡梦中醒来，和爷爷一起坐在了琴凳上，母亲从门边探进身来，恬静地看着祖孙两人欢乐地弹奏。

小女孩踏上寻梦之旅，成长过程中被现实打击，被导师否定，独自面对生活的困境，因无法演奏出令自己满意的音乐而懊恼自责。

爷爷突然病重的消息不期而至，女孩更加清醒地意识到，钢琴不仅是自己的梦想，更承载了家人的信任与期盼。

最终，女孩成功地战胜了自己，交出了完美的作品，实现了小时候的梦想。

她打电话给心爱的爷爷，通过手机向千里之外的爷爷分享她的喜悦与激动，传递她的爱与感恩。躺在病床上的爷爷也得到了巨大的心灵慰藉，无比安详地离开了。"

无论来自哪个国家，爱与梦想都是人类相通的情感，相信看过广告的人都会被其打动。用最平实的语言和最真挚的情感，鼓励着每一个追梦人，不要轻言放弃，要相信自己的梦想，相信爱与信念才是这个世界上最强大的力量。华为手机则后退一步"隐身"起来，成为传递这份美好情感的介质，承载家人之间的联结与寄托。

雨果说："当命运递给我一个酸的柠檬时，让我们想方设法把它酿造成一杯甜的柠檬汁。"很多时候，品牌没有办法选择时代的大环境，唯有提升自己去应对更高难度的挑战。每个品牌都在为自己的梦想努力打拼，华为也在用自己的坚韧不屈记录着时代的中国品牌故事。

*Dream It Possible*是广告的背景音乐，也是华为手机品牌的专属音乐，其中有几段非常动听的歌词："历史决定曾经，但并不能决定现在的你我，所以我会不懈梦想直到梦想成真，直到窥见漫天星光""从低谷到巅峰，我们犹如燎燃的野火，永不放弃，永不退缩""不再畏惧跌倒，直到你展翅高飞的那一刻，当梦想成真，你便无可阻挡"。

第二节

民族品牌讲好民族故事

♂ "Made in China",继往开来

如果用"Made in China"来讲述中国商品和中华文明与世界交流的故事,我想大概可以分为三个阶段。

第一个阶段的"Made in China"可以追溯到2000多年前。

纵观人类历史长河会发现,在文明演化过程中的大部分时间里,世界的中心其实是亚洲。曾经无比辉煌的古巴比伦、古印度、波斯帝国、阿拉伯帝国,当然还有四大文明古国中唯一延续至今的中国,无论是经济层面还是文化层面,在很长一段历程中,东方都是远超西方的。繁茂鼎盛的汉唐宋明时期,绵延千年的陆上和海上丝绸之路,中国商品的影响力横跨欧亚大陆,丝绸、茶叶、瓷器更是世界的硬通货。

公元1世纪，古罗马作家佩特罗尼乌斯写了一本小说《萨蒂利孔》，记录了当时罗马贵族奢靡挥霍的生活场景：一匹中国丝绸经过6000公里的跋涉来到罗马，价格可以翻几十倍，几乎与黄金等价。古代欧洲人并非不想自己生产丝绸，据传说，波斯人和罗马人都曾"偷师"自制，但种桑、养蚕、缫丝、织绸，每一个环节都是中国掌握的核心技艺，短时期内实在难以习得，因此中国丝绸的工艺和质地长期占据领先地位。

唐代"茶圣"陆羽撰写了世界上第一部茶叶专著——《茶经》三卷，其中对茶叶性状、产地环境、茶树栽培、茶叶采摘、成茶制法、品质鉴定、烹饮手法、器具制造、茶道文化等均有详实的记载。抹茶最早是从唐朝出现的，之后传入日本并在当地风靡流行，而今又从日本传回中国。下午茶文化可以追溯到英国17世纪，一位葡萄牙公主嫁给英国国王时，嫁妆里有一箱名贵的中国茶叶，她在王宫中用茶款待贵族宾客，这种"东方味道"逐渐成为上层阶级竞相追捧的奢侈品。欧洲的地理环境无法种出与中国同样品质的茶叶，直到1838年，在英国驻印度总督的推动下，来自中国的制茶工人在印度阿萨姆地区种出了第一批茶叶，由此开始畅销欧美。

中国是全世界第一个烧出瓷器的国家，烧制瓷器的技术自东汉开始发展，到唐代进入繁荣，至宋代达到第一个顶峰，"汝、官、哥、钧、定"五大名窑如雷贯耳。自景德镇烧制出青花瓷、各类釉彩开始，瓷器工艺在明清时代达到第二个顶峰，中国也成为"世界瓷都"。易碎的瓷器并不适合陆上丝绸之路运输,难以经受上万里的颠簸路途而完好无损。随着中国造船和航海技术的发展,海上丝绸之路在明朝时达到极盛,中国瓷器也开始大量出口到欧洲,成为欧洲贵族趋之若鹜的又一个来自东方的奢侈品。积淀数千年的匠人精神,炉火纯青的精湛工艺,追求完美的苛刻标准,严格保密的官窑技术,代代相传的私窑手艺,中国制瓷工艺的门槛之高,在现代科技发展以前,一直是西方难以跨越的,因此追求中国正版才是潮流风尚。

丝绸、茶叶、瓷器,都曾创造出"中国制造"的闪耀历史和"中国品质"的巅峰纪录,在很长一段时期内,中国商品都代表着"顶级"和"奢侈",就如同当今世界上最强大的消费品牌。作为人类文明的殊荣和财富,联合国教科文组织将"中国传统桑蚕丝织技艺""中国传统制茶技艺及其相关习俗""龙泉青瓷传统烧制技艺"列入联合国科教文组织人类非物质文化遗产代表作名录。以史为鉴,我们没有理由不传承自己国家的品牌故事,更没有理由不树立自己民族的文化自信。

第二个阶段的"Made in China"始于改革开放,加速于中国加入世界贸易组织之后。

到2020年,中国已经连续10年保持世界第一制造大国地位。"世界工厂"名号的背后,是从一穷二白起步,从事低人工成本、流水线劳作的不易,更是由于技术基础薄弱,"被转移"中低端产业、"被分工"低附加值生产的无奈。

"中国只有卖出八亿件衬衫才能进口一架空客380飞机",这句痛定思痛的话,正是这个阶段"Made in China"的真实写照。中国仅仅代表制造的原产地,更多是为外资企业贴牌代工,中国制造的优势来自规模、来自价格,并没有体现中国自主品牌的价值。

第三个阶段的"Made in China",亟待中国企业和中国品牌去创造。

我们可以从《2021中国制造强国发展指数报告》中看到,排名前四的国家和指数值依次为:美国173.19,德国125.94,日本118.19,中国116.02。该指数由规模发展、质量效益、结构优化和持续发展四个维度构成,综合反映国家制造业发展的强弱水平。其中,中国"规模发展"项得分第一,"质量效益"项得分第七,"结构优化"项得分第四,"持续发展"项得分第七。"一国制造业拥有世界知名品牌数"正是"质量效益"项下的关键评分标准,美国凭借高达74个世界知名品牌而取得巨大领先优势,而中国仅有18个。这也意味着,虽然近年来中国制造业发展成就很大,但核心技术受制于人及自主品牌建设薄弱的局面还未得到根本性改变。

我们必须客观认识到中国制造"大而不强、全而不优"的现状,也必须摒弃低价竞争的短期思维,立足长远地打造高附加值竞争能力。如果我们这一代人不肩负追赶的重任,那么更重的重担就会落在下一代人身上。面临日益严峻的全球经济形势,中国企业唯有向内审视,向"产业微笑曲线"的两端发力,锻造技术

"硬实力"和品牌"软实力",做好中国品质的同时,讲好中国品牌的故事。

神舟飞天、嫦娥揽月、天问启程、北斗组网、海斗探海、双龙探极……中国正在奋起直追,以自主创新为引领,向着质量强国、科技强国、品牌强国的目标前进,期待不远的未来"Made in China"一定会转变为"Create in China""Brand from China"。

格力,让世界爱上中国造

中国制造故事

格力品牌口号的演变过程,也浓缩了格力紧跟时代发展的品牌故事。

20世纪八九十年代,空调作为"高端消费品"第一次走进中国百姓家庭。彼时,受限于消费需求能力和行业技术水平,市场对于"好空调"的认知标准是朴素而宽泛的,消费者希望产品质量好、使用寿命长。格力据此提出"好空调,格力造"的品牌口号,以"质量为王"的诚信与匠心,在中国空调行业空前发展的黄金时代,立稳了脚跟,继而领跑行业。1996年11月,格力电器在深交所挂牌上市;1999年,"格力空调"商标被国家工商行政管理局认定为"中国驰名商标"。

前十年的发展中,格力着力于产品制造与渠道销售,技术研发却是薄弱环节。2001年,中国加入世界贸易组织,中国企业开始参与全球竞争,科技的重要性日益提升,科技成为第一生产力。在挑战与机遇面前,格力下定决心开启技术攻坚工程,实行"按需分配,不设上限"的研发投入原则。2010年,格力提出"掌握核心科技"的广告语,持续的深耕让格力的技术竞争力不断提升,市场销量也逐步与其他品牌拉开差距,成为名副其实的全球空调行业领跑者。

2013年，全国遭遇严重雾霾天气，创52年来之最高值。自2013年9月国务院印发《大气污染防治行动计划》以来，各地区、各部门迅速行动，定目标、建机制、强监管，标志着我国在大气污染综合治理上迈出了新的步伐。格力再次响应国家号召，提出"让天空更蓝、大地更绿"的品牌口号，随后不久，其自主研发的光伏空调问世。

2015年，国务院印发《中国制造2025》行动纲领，其根本目标在于改变中国制造业"大而不强"的局面，推动中国从制造大国向制造强国转变。同年，格力喊出"格力，让世界爱上中国造"的品牌口号，期望通过向全球提供高品质的产品，让中国制造被世界认可。格力用自己的实际行动，肩负起振兴中国制造的企业使命。也是在这一年，格力电器大步挺进世界500强。两年后，格力电器市值突破2000亿元大关。

中国技术故事

创办之初，格力电器与大多数中国家电企业一样，采用散件组装的产品供给方式，处于"微笑曲线"中间区域的生产与制造环节，既难掌握产业主动权，处处受制于人，又无法赢得核心价值和利润。

时任格力电器董事长的朱江洪有着切身体会：2001年底，他曾带领公司技术团队到日本考察，希望从日本企业购买、引进变频多联空调技术，然而却遭到对方一口回绝，表示连散件也不卖给中国。朱江洪深刻意识到，一个没有核心技术的企业永远没有脊梁，中国必须拥有自主知识产权的核心技术。回国后，他召集技术人员，下达硬性任务，要钱给钱，要人给人，开启"经费不设上限"的自主研发之路。

选择"硬科技"虽是一条必须要走的路，但显然也是一条极难走的路。

科技之难，难在投入大、见效慢。董明珠在采访中曾说："投了几千万还看不到未来在哪里，技术人员很害怕，但格力就不计较这些，只要你做成了，一个亿也是值得的。"

科技之难，难在内部冲突。早期的格力跟其他企业一样，销售部门是"老大"，当普通员工拿几万元年薪时，销售部的员工已是十万元、几十万元的高额年薪，这让很多技术人员要求转岗。当时，朱江洪做出一个惊人的决定——大幅降低销售的提成比例！虽然这使大批销售人员离职跳槽，但他坚信："一个企业最重要的不是销售，而是科技、产品、质量，如果科技人员积极性出不来，你卖什么？"

2012年，北京雾霾最严重的时候，身边的朋友都劝董明珠要抓住时机做空气净化器，她却连连摇头，她说："倘若生态环境不能得到保护，短期的市场收益又有什么意义呢？代价太大了，这样的商机我宁可不要。"但此时的她萌生出一个念头——造一款"不用电的空调"，可以减少能源消耗，真正实现绿色环保。

格力花了两年时间，开发出了光伏直驱变频离心机系统，开启了中央空调"零耗能"时代。

如今,格力光伏技术已在国内外广泛使用,产品服务于全球25个国家和地区,为节能减排做出了巨大贡献。在沙特达曼Basic总部,使用格力光伏系统每年可节省17.9万千瓦时电量。在美国凤凰城,安装格力光伏系统的项目,预计年节省电量954万千瓦时,每年减排数量相当于种植了一片430万平方米的森林。

正是对"难"的不懈攻坚,让格力一步步突破技术壁垒,解决了困扰行业的"卡脖子"难题,改写了中国空调企业从事低附加值组装业务的产业格局,引领中国空调行业实现"从追赶,到并肩,再到超越"的傲人目标。格力电器也做到了以自主品牌走向世界,格力产品已远销180多个国家和地区,越来越多的国家开始选择格力,认可格力。

目前,格力电器已拥有16个研究院,152个研究所、1411个实验室、1个院士工作站,同时还拥有国家工程技术研究中心、国家级工业设计中心、国家认定企业技术中心、机器人工程技术研发中心。而这一切,只是格力庞大创新体系的缩影,创新的基因,早已融入格力的品牌血液。

中国企业责任故事

服务国家战略与社会发展,既是企业的责任,也是企业的机遇,能在多大程度上成就国家和社会,也就能在多大程度上成就自己。董明珠曾说:"国家有需要,我们就要做。""企业如果纯粹为了赚钱，是目光短浅的。优秀企业的生命和利益是跟国家连在一起的，我们首先想到的是国家，只有国家强大，企业才能安身立命。"

董明珠的话，可以视作格力电器多元化转型的时代注解，也是面对质疑的最好回应。只是实现从零到一的奋斗路上，从来不只是胜利的喜悦，更多时候要承受等待的煎熬和受挫的痛苦，但格力电器依旧选择做开拓者、探索者，因为总要有人照亮前方的路。

数控机床是"工业母机"，是制造业的基础，更是需要技术攻坚的"卡脖子"难题。格力通过自主研发工业机器人、数控机床等智能装备产品和服务，积极推动中国制造业转型升级。疫情之下，格力跨界生产口罩，并涉足高端医疗装备领域，仅用两个月时间便研发出"猎手"系列空气净化器，其生产的移动核酸检测车也已应用到医疗体系中。

今天的格力，已经从输出终端产品转变为输出先进生产力和制造经验的企业。科技创新更是从电器产品技术端延伸到新能源、智能装备、芯片、精密模具、高端医疗装备等领域。

30余年来，格力电器总是能够敏锐洞察并适应国家发展过程中每一个阶段的变化，并在国家战略中找到自身的发展方向，从而使企业更具有推进创新的空间与能力，带来新的发展商机。这考量的不仅是企业掌舵人的商业智慧，更是企业将个体发展融入国家繁荣、民族兴盛、人民幸福大浪潮中的格局和使命感。

格力电器始终以"产业立身、实业报国"为己任,将品牌战略、科技导向的出发点与落脚点回归到实业报国的高度上来。从"好空调,格力造"到"掌握核心科技""让天空更蓝、大地更绿",再到如今的"格力,让世界爱上中国造",格力电器将国家战略镌刻在品牌口号之上,紧跟社会需求和国家对制造产业的要求,蜕变进化,躬身践行,淬炼出民族企业精神的新风貌,讲好了新时代的民族品牌故事,浸入了国人的心智,赢得了世界的尊重。

第三节

民族的才是世界的

曾有一家中国制造业某领域排名第一的企业,向我咨询一个这样的问题:"如何才能淡化中国品牌背景,转而做成全球化品牌?"我回答:"你提的这个问题是个伪命题。"

地域基因,品牌护照

国家和地域是品牌基因的一部分,是无法抹去的,就如同作为中国人,黄皮肤、黑眼睛就是印在脸上的"护照"。更何况在当今的互联网信息时代,想要隐藏自己的"身份",几乎是不可能的事。

每个品牌都自带所属国家的文化和精神属性,提起可口可乐会联想到美式的快乐,提起哈雷会联想到美式的骑士;而提起香奈儿、爱马仕、路易威登,则会联想到法式的浪漫与奢华;同样是汽车，提起奔驰就会想到德国工业制造体系的严谨性，提起丰田就会想到日本的经济实用主义，而提起玛莎拉蒂就会想到意大利的设计美学与工匠精神。

这些全球最具价值的品牌，没有一家会刻意抹去自己的地域属性，恰恰是烙印在基因中的、无比自信的国家形象和民族文化会成为品牌最强有力的背书，成就了本土品牌走向世界品牌之路。

认知差异，当地特色

进一步的问题是，能否制定一个统一的全球化品牌策略呢？我认为，答案也是否定的。

做品牌其实是在改变认知，在相同的文化背景下，受众的认知也是千差万别的，在跨文化背景下，更难用统一的方法实现认知的趋同。

关于"文化认知差异"，相关的例子不胜枚举。比如，在中国，红色代表福气与繁盛，节庆与婚礼常用红色，股市是"红涨绿跌"，而在西方，红色多代表警示与危险，婚礼常用白色，股市则是"绿涨红跌"。又如，中医认为人体是一个生态系统，讲求平衡与调和，西医则运用精密仪器、检查数据直接作用于病症。再如，中国强调集体主义与家国情怀，而西方强调个体需要与个人价值。

对于全球化品牌而言，在每一个国家和地区，都要面向不同的价值观念、风俗习惯与审美情趣。如此差异化的需求，只用一套打法，显然是行不通的。企业也无法仅依赖一位"全球品牌官"，而是必须依靠当地人才能落地执行，就像每个国家的外交使节都会优先选用"当地通"。中国有句老话，"上什么山，唱什么歌"，也就是说，要想真正做好全球化品牌，必须在秉承共性的品牌理念之下，因地制宜地制定本土化策略，更好地理解当地需求，充分地融入当地文化，打造满足当地特色认知的"全球化品牌"。

民族品牌，世界品牌

英雄不问出处，但英雄终有出处，在成为全球顶级品牌之前，首先要成为让所在国家骄傲的"民族品牌"。没有美国的苹果，就没有世界的苹果；没有德国的西门子，就没有世界的西门子；没有韩国的三星，就没有世界的三星。就如同要被认定为"世界文化遗产"，首先必须是传统的、特色的，体现民族认同感的，代表民族创造力的文化遗产。

中国乳业第一品牌伊利，正在向着"全球乳业第一品牌"的愿景全力冲刺。

伊利成立近30年来，精准把握"奶业振兴""健康中国"的时代机遇，秉承"扎根中国、链接世界"的健康食品战略，从呼和浩特的一个小厂逐步成为"中国第一""亚洲第一""全球五强"，引领中国乳业闪耀世界。

据荷兰合作银行公布的"2022年全球乳业20强"榜单，伊利以182亿美元的营业额再度斩获佳绩，连续多年稳居"全球乳业五强"，并且是亚洲唯一一家营收超过千亿元的乳企。

"品质+创新+国际化"是伊利的制胜法宝。被誉为"全球乳业未来城"的伊利现代智慧健康谷，不仅将建成全球最大牛奶工厂，更将塑造全球智能制造新标杆。已在2012年实现碳达峰的伊利，将在2050年前实现全产业链碳中和。立足持续优化的全球供应链网络布局，实现国内与海外基地的高效联动。2021年报显示，伊利海外营收增长8%，同比增长58%，伊利产品已经覆盖全球五大洲、60多个国家和地区。

受疫情及海外经济形势的多重影响，伊利在2022年上半年仍然逆势强劲增长，营收和净利均创历史新高。越是困难，越是考验品牌在受众心中的影响力，赢得消费者的信赖和选择才是赢得市场的根本。

无论来自哪个国家的品牌，自身的修炼才是决定性的，就像人不能选择出身，但能选择活法！品牌的出处不会影响品牌的高度，最强的民族品牌才最有机会走向世界。

企业自律，国家自强

个人命运和企业命运皆是国家命运的缩影。1930年出生的股神巴菲特曾这样说："当时我能出生在美国的概率只有2%，就像中了彩票，如果不是出生在美国而是其他国家，我的生命将完全不同!""二战"之后,美国进入快速发展通道,一跃成为全球超级大国。经济形势大好,企业盈利大增,巴菲特就像搭上了一趟高速列车,获得成功投资的概率也大幅提升了。

中国改革开放后,每一个本土企业的成功,都不同程度地受益于国家经济高速发展的红利。面对全球化逆流,面对单边主义与保护主义,出海打拼的中国企业确实会受到不小的影响,但从根源上解决这个问题的办法,绝不是抹去地域基因,淡化来自中国的背景。"没有人能靠做空自己的国家发财",即使面临阶段性的困难和挑战,中国企业也必须选择与国家站在一起。

品牌之战在于心智之战,最高阶的心智之战正是来自身后国家的强大背书。国家形象与企业品牌就像树干与树叶,只有坚固强韧的树干,才能孕育出繁茂的树叶。"Made in China"背后,站着每一个中国企业,站着每一个民族品牌,国家为企业品牌提供背书,企业更要为国家赢得信誉。国家有多强大,品牌就有多自信,品牌有多自律,国家就有多强大,我们已然进入一个国家形象与企业品牌共同跨越挑战的新时代。

与外资品牌相比,中国品牌讲故事的"软实力"还处于初级建设阶段。无论是中西方文化的差异,还是日益严峻的国际形势,甚至是西方主导的舆论体系,都注定了中国企业的前程任重而道远。当然,打造高质量与高科技的"硬实力"才是提升"软实力"的根基所在。

让世界认知中国制造,让世界读懂中国故事,让世界了解中国文化,都是优秀的中华民族企业与国家一道肩负的时代责任。

第八章

跳出品牌做品牌

第一节

品牌要坚持长期主义

巴菲特有一个著名的理论:"人生就像滚雪球,当我们发现很湿的雪和很长的坡,把小雪球放在长长的雪坡上,不断积累,越滚越大,优势越来越明显。"股神的成功之道也是投资领域最为推崇的理念——价值投资与长期主义,不随短期波动变化的价值才具有长期的确定性,才能凭借"滚雪球"的力量,创造出"复利"的奇迹。

长期主义不仅是"投资圣经",也是普遍适用的方法论,是一种做事的思维模式,是一种成功的基本逻辑。长期主义,对于国家而言,就是坚定走好自己的特色道路;对于个人而言,就是在专业领域深耕10000个小时;对于企业而言,就是着眼长远的战略目标,避免短期的急功近利。

长期主义的对立面是短期主义和投机主义,从商业的角度看,无论哪种,本质都是为了追求利益。长期主义所追逐的利益,不是一时的,而是可持续的,是战略性的大局思维。短期主义所追逐的利益,是眼前的、即时的,是战术性的局部思维。两者最大的区别在于,秉持短期主义的人或许也可以在某个时段获得高额收益,但那些什么热就追什么的人,最终未必真的能收获财富,凭运气挣到的,往往会凭实力还回去。而秉持长期主义的人会坚守趋势,会拒绝得不偿失的短期机会,谋求的不是事物量变的价值,而是事物质变的价值,是累积收益的最大化。

《我不过低配的人生》一书中,有一段精彩的描述:"当你以一生为周期,看到的是时代和人性,看到的是规律。当你以十年为周期,看到的是常识与规则变化。当你以三年或五年为周期,看到的是胆识和眼光。当你以一年为周期,就会相信天赋和能力。如果你以天为单位,什么也看不到,就只能寄望于奇迹和运气。"

唯有时间拉长,我们才能够在一个不确定的世界里寻找确定的答案。

品牌为什么要坚持要长期主义?

关于品牌的定义,我最为认可的版本是这样表述的:"品牌的要点是销售者向购买者长期提供的一组特定的特点、利益和服务,最好的品牌传达了质量的保证。然而,品牌还是一个更为复杂的符号。一个品牌能表达出六层含义,即属性、利益、价值、文化、个性、使用者。一个品牌最持久的含义应是它的价值、文化和个性。"

这个关于品牌的定义包含了多方面的信息。首先,"长期"和"持久"是非常明确的限定词,昙花一现的只能叫作"商标",经久不衰的才能叫作"品牌";其次,"质量的保证",就像我们之前谈到的,做最好的产品叫作品质,做可持续的品质叫作品牌;最后,无论是"个性""文化"还是"价值",全部都是长线思维导向的,只有经过岁月的沉淀,才能形成品牌。用一句话总结:品牌原本就是长期主义的结果,不坚持长期主义,也成就不了品牌。

历史超过130年的可口可乐,从来没有因为经济的好坏或者市场的起落而停止建设和传播品牌。可口可乐公司前董事长罗伯特·伍德鲁夫曾说:"只要'可口可乐'这个品牌在,即使有一天,公司在大火中化为灰烬,那么第二天早上,企业界新闻媒体的头条消息就是各大银行争着向可口可乐公司贷款。"有形的资产可以被大火焚烧殆尽,无形的资产却可以屹立不倒。品牌作为可口可乐最核心的竞争力,最有价值的资产,正是长期主义所锻造的制胜法宝,可以跨越时间、跨越地域、跨越人群,越发历久弥新。

回看中国市场,时代的浪潮也曾催生出很多转瞬即逝的"品牌"。30年前,重金砸下一波电视广告,反复宣导一句"洗脑"式的口号,大江南北卖火一个爆品,似乎只要肯花钱,短期内就能推出一个品牌。但那些一连串依旧还停留在记忆里的、红极一时的品牌,多数早已销声匿迹了。

如今,在资本运作的热潮下,"网红品牌"如雨后春笋般快速涌现。去年这些网红店的门口还大排长龙,今年可能就门可罗雀了，这些如快餐般制作出来的"网红品牌"，刚刚建立了知名度，还远远谈不到消费者忠诚度，它们一时间的确博到了消费者的眼球，但是在消费者尝鲜过后就可能被迅速遗忘，随即便被新的"网红品牌"所替代。

这些不断上演的故事背后，正是对品牌的错误理解，是对长期主义的背离。短期主义创造的只是一个"牌子"或一个"名字"而已，只有长期主义才能创造出有"个性、文化与价值"的、真正意义上的品牌。

行百里者半九十，坚持长期主义往往很难，但是爬坡的过程必须负重前行，中途放弃、掉头转弯，则可能顺势跌落。凯度BrandZ全球品牌价值100强榜单，自2006年起已连续发布17年，其间一直在榜的品牌只有36家，剩余64个席位时常易主。一直上榜的品牌几乎都是坚持长期主义的典范，其中有24家品牌的历史超50年之久；在36家品牌中，历史超30年的品牌达到32家，其余4家皆为随着信息科技革命而诞生的超级品牌，历史也都达到20年左右。

想要做好品牌，只有长期主义一个选项，所以问题不在于为什么要坚持，而在于该如何坚持。

品牌要如何坚持长期主义？

回顾之前章节的内容，其实很多观点的底层逻辑都基于长期主义。

我们谈到军事思维，做品牌有时就如同作战指挥，不争一城一池，而是要打赢全面战役，不执着于短期收益，而是谋求更长远的有利占位。

我们谈到谋大局，站在空间的维度，就是要有整体观、全局观，站在时间的维度，就是要立足品牌的长远发展，确定一个长期的定位和目标，所有的决策都以其为准则。

我们谈到事件营销的筛选原则，是否符合品牌的大局观，可持续的"事件"，才是品牌应该主动关联的事件，才是可以为品牌形象带来累积效应的事件。

我们谈到如何让每一次的直播层层递进、形成体系、持续发酵。

我们谈到公益与商业，"自利则生，利他则久"，商业成长的可持续性，正是通过利他而获得的。

最后，我们谈到品牌故事，能称之为"故事"的，本身就是经过时光沉淀的，唯有经典才能流传下去。极具"个性"的哈雷，极有"文化"的香奈儿，它们的故事累积了无法超越的品牌"价值"，而这些正是品牌最持久的含义。

或许有人会说，长期主义就是不断地坚持，这个答案对，但不完全对。坚持长期主义有两个关键要义。

坚持长期主义的第一要义是先找到正确的方向,再持之以恒。

有这样一则寓言故事。

大象、狮子、骆驼决定一起进入沙漠寻找生存的空间。出发前,天使告诉它们,只要一直向北走,就能找到水和食物。走进沙漠以后,它们蓦然发现,沙漠比它们想象的大多了,也复杂多了,最为要命的是,没过不久它们就迷路了,不知道哪个方向是北。

大象想,自己如此强壮,失去方向也没什么关系,只要朝着一个方向走下去,肯定会找到水和食物。于是,它选定了它认为是北的方向,不停地前进。走了三天后,大象惊呆了,发现自己回到了出发的地方。三天的时间和力气就这样白费了,大象很生气,决定再试一次。这一次,它一再告诫自己不要转弯、要向正前方走,可三天过后,竟然还是回到了原点。大象想不通为什么会这样。它又饿又渴,为了生存,只能决定休息后再出发。但是,接下去每一次出发都是相同的结果,只是不断重复之前的错误。不久后,大象耗尽了最后一丝力气。

狮子呢,它自恃奔跑速度很快,便向自认为是北的方向奔去。它想,凭我的速度,再大的沙漠也能穿越。跑了几天后,它却惊异地发现,越是向前,越是草木稀少,渐渐看不到任何绿色植物了。它害怕了,决定原路返回。可是,在折返的路途中,它又一次迷失了方向,越是向前,越是荒凉。它左突右奔,但是都没能找到目的地，生命最终在绝望中消失殆尽。

只有骆驼是一个智者。它走得很慢，它想，只要找到真正向北的方向，只要不迷路，用不了三天，一定能找到水和食物。于是，白天骆驼不急于赶路，而是安心休息。到了晚上，天空中挂满了闪亮的星星，它很容易地找到了那颗最耀眼的北极星，一路向北慢慢地行走。三个夜晚过去了，骆驼猛然发现，它已经来到了水草丰美的绿洲旁。从此，骆驼就在这里安了家，过上了丰衣足食的生活。

没有正确的方向，再大的本领也是没用的；没有正确的方向，再多的努力也是没有效果的。

选择比努力更重要，有时候做得越多，做得越快，错得越离谱，越是南辕北辙。坚持长期主义的前提是，找到正确的方向。而能否找到正确的方向，又能否坚持下去，则取决于格局与远见、智慧与信念、聚焦与持续、专业与定力，缺一不可。

很多短期成功的品牌容易在荣誉和光环中迷失，忘记了甚至根本没弄清楚自己为什么成功，失去了战略定力，也就没有了未来。曾经有一家在快消领域非常成功的食品企业，前几年的高速发展给企业带来了充裕的现金流，也为决策者带来了盲目的自信。于是他们不甘心只赚食品行当的钱，看到市场上地产热、服装热、教育也热，便不由分说地冲了进去，先后成立了地产公司、服装公司和教育公司，从单一的食品企业转变成了毫无章法的"伪多元化"集团。结果可想而知，专业能力无法支撑，资金链很快断裂，不仅新的投资全部失败，就连原有的江山也没能保住。

时下新的营销热词层出不穷，也在不断考验着企业的定力，很多企业也因此变得焦虑，生怕错过了开启成功大门的新型钥匙。有这样一本书——《海底捞你学不会》，书名已经给出答案了，还是阻止不了大家"学习"和模仿的热情，市场上果然也没有再出现第二个海底捞。有段时间所有企业又争着要做"爆品"，但大家忽略了一个事实：偶尔能出一两个爆品的公司已经不常有，而能持续出爆品的公司更是凤毛麟角，毕竟全世界只有一个苹果，而它是全球市值最高的公司，更是全球最有价值的品牌。就如雷军所说："爆品是打造出来的，不是营销出来的。"打造爆品的背后是一套完整的模式和体系，洞察市场的先机、产品体验导向的创新、先进高效的制造能力和迎合大众消费能力的定价等，这些才是支撑爆品的基础。很多企业只想用营销的方式推出一个"爆品"，费用没少花，但是缺乏支撑产品的基础，犹如空中楼阁，最后多半只能沦为"报品"，报废了之。

品牌要想创造属于自己的个性、文化和价值，在传播上也要有定力，不能迷失在稍纵即逝的潮流和热点中，要始终坚持一路以来让品牌获得成功的正确方向。作为两家世界级的可乐巨头，可口可乐一直坚持传播"快乐文化"，而百事可乐一直坚持传播"年轻文化"，广告的口号会随着时代变化，但核心理念是一以贯之的。一个具有先发优势的"正宗"鼻祖，一个奋起直追的市场挑战者，两个传承了百年的品牌，都仍在持续坚守自身的定位，也让世界上没有第三种可乐能与它们并肩。

坚持长期主义的第二要义是坚持的过程，也是不断精进的过程。学而不思则罔，长期主义不是简单重复做一件正确的事，而是坚持不懈地改进一件件小事。

畅销书《掌控习惯》里有一个很有意思的故事。

从1908年到2003年的近百年时间里，英国自行车选手只获得过一块奥运会金牌，而他们在该项目全球最大的赛事——环法自行车赛中，表现更为糟糕，没有一位英国选手在这项赛事中夺冠。

2003年，英国职业自行车教练戴夫·布雷斯福德，采取1%改变的策略，一举实现了扭转。他把所有能想到的与该项目相关的事项，都逐一列出、逐一分解，然后致力于把其中的每一项都提高1%。这些改变包括：重新设计自行车座椅，使其更舒适；在轮胎上涂抹酒精，以获得更好的抓地力；要求选手在骑车时穿电热超短裤，以保持理想的肌肉温度；采用更轻的室内赛车服，更符合空气动力学；配备专门的枕头和床垫，让选手在比赛的酒店里可以快速入睡等。没有人能想到，就是这样数百个看起来微不足道的改进，积累在一起却产生了神奇的改变。

5年后的2008年北京奥运会上，英国自行车队大放异彩，他们拿到的金牌数量占该项目总金牌数量的比例，达到令人震惊的60%。2012年伦敦奥运会上，他们在家门口又打破了9项奥运会纪录和7项世界纪录。在2007年至2017年的十年间，英国自行车选手共夺得178次世界锦标赛冠军，66枚奥运会或残奥会金牌，并在环法自行车赛中连续获得了5次冠军。

戴夫·布雷斯福德就此提出了著名的"边际增益理论","我们遵循这样一条原则:把与骑自行车有关的环节拆解,把每个分解出来的部分都改进1%,汇总起来之后,整体就会得到显著提高。"1%的改进可能毫不起眼,但是几百个1%叠加起来的能量是巨大的,假以时日,量变终会引发质变。这种改变甚至不是渐进式的,而是跳跃式的。

千万不要小瞧这1%的差别,奥运会百米飞人大战,冠亚军之差可能就是百分之一秒而已。1.01的N次方就能创造复利的奇迹。这个N次方,可以是上百个事项,每一项精进1%,也可以是时间的度量,日积月累的持续提升1%,要知道1.01的365次方约等于37.78!这种跨越式的进步,正是长期主义者会享受到的最大红利。

关于"品牌",我认为也可以这么理解:品牌的"品"是产品,是品质,更是品行,品牌的"牌"是一种标识,代表着消费者认知度、美誉度与忠诚度三者的集合。路遥知马力,日久见人心,只有从"品"出发,立足长远,建好体系,不懈改进,持之以恒,才能打造出真正的"牌"。

第二节

时代的品牌之道

"时代的品牌之道"中有两个关键词,一个是"时代",一个是"道"。

"有道无术,术尚可求;有术无道,止于术。""道"是理念思想和原则规律,是战略和大局观,"术"是操作能力和技术方法,是战术和具体实践,两者兼顾才能实现知行合一,但是"术"必须由"道"来统领,才能发挥出真正的实效。

在新时代的战略和市场大势下,民族品牌如何探索可持续发展之道,正是我们之前章节所阐述的核心。我们谈到时代的企业家要承担相应的社会责任,谈到品牌如何识大势、谋大局,如何抓住机遇实现超越,也谈到民族品牌要讲好民族故事,传递好中国声音,我们还特别探讨了当下最热门的话题,也是独具中国特色的话题,比如如何打造国潮事件、如何做好情怀直播、如何做好时代公益等。这些观点和案例背后的逻辑和规律,恰恰是我们想挖掘和总结的,是可以更好地服务于品牌实战的思维体系。

品牌要想成功需要借助这样一部梯子:"时代大势"是梯子两侧的长柱,品牌的"道与术"是嵌在两个长柱之间的横木,二者相辅相成。没有长柱,就无法搭建快速向上的通道,没有横木,梯子发挥不了用处,横木越坚固,向上攀爬才能更快更稳。

看清大势,助力大势

民族品牌的发展之道无法脱离中国的文化基因。五千年的农耕文明,孕育了中国人的勤劳勇敢、善良纯朴和强烈的家国情怀。在民族复兴的路上,我们经历了无数艰难困苦,也见证了无数荣耀时刻。"这一仗,我们不打,就会留给我们的下一辈去打",长津湖的热血和先烈的无畏牺牲才换来如今的和平年代。无论是洪水、地震还是疫情,这一代的中国人都没有退却半步。从2008年北京夏奥会到2022年北京冬奥会,从中国航天事业的奋勇腾飞到全面打赢脱贫攻坚战,从中华人民共和国成立70周年到建党100周年,中华民族的心一次又一次地凝聚在一起。

有国才有家是中国人的文化信仰,个人的成长和企业的发展都受益于时代的红利,根源于国家的强大,这种深刻的家国文化也是中国市场独特的底蕴。鸿星尔克的"野性"消费,新疆棉的众志成城,王老吉的直线拉升,国人用实际行动拥抱并回馈了这些坚定地与国家站在一起的民族品牌。

我们身处最好的品牌时代，消费者自信、企业自律、国家自强。大众对于国产品牌的认可程度日益提升，国产品牌的研发与制造水准逐渐比肩国际品牌，国产替代成为大势所趋，中国品牌迎来新的时代机遇。

把中国人的体育强国梦，当作企业成长之梦的安踏，顺应大势，乘势而起；格力紧随时代对于制造产业的要求，将企业发展融入国家兴盛之中；把握"奶业振兴""健康中国"的时代机遇，伊利正在向着"全球乳业第一品牌"的目标砥砺前行；不负时代使命的俞敏洪，一个家国情怀的践行者，树立了中国精英人物的标杆。这些代表性的民族品牌和企业家，不仅做到了借助大势，更做到了助力大势，让企业成为时代进步和国家前进的参与者和推动者。

品牌之道，大道至简。我们理解了传承五千年的家国情怀，理解了14亿国民的心之所向，也就理解了中国品牌顺应时代大势的必由之路。"与时代同频、与民众共振"是中国特色的品牌之道，也是民族品牌的首要之道。全面推进乡村振兴、科技自主与文化自信，人们对美好生活的向往、对共同富裕的追求，这些大势都是品牌实现可持续发展不容错失的方向。

当下，世界正经历着前所未有的大变局，面对日益严峻的全球形势，面对阶段性的困境和挑战，中国品牌必须也只能选择与国家站在一起。国家有多强大，品牌就有多自信，企业有多自律，国家就有多强大，唯有顺势而为，助推大势，中国品牌才能与国家一道共同跨越新时代的挑战。

当中国的中粮成为世界的中粮,当中国的安踏成为世界的安踏,当小米成为新的"苹果",当国产大飞机成为新的"波音",质量强国、科技强国、品牌强国的美好蓝图也必将加速实现。

知易行难,知行合一

回到本书写作的初衷,解答以下这些同行和媒体的问题。

"为什么企业家通常难以被别人的观点说服,你却敢于坚持并'卖出'自己的观点?为什么跨越巨大的行业与体制差异,你始终能用自己的方式做品牌?为什么同样的潮流大势,你却能把握先机?为什么同样的资源和媒介,你却能看到别人看不到的附加价值?为什么明明预算花费不高,你却能让人产生'花了大价钱'的错觉?"

读到这里你会发现,答案其实都已经写在我与每一个品牌的故事里了。如果提炼总结其中的心得,或者称之为"道",除了顺应时势与长期主义之外,我想最重要的应该是真实至上、洞察本质与突破创新。这些看似简单的道理,实则知易行难。

第一是真实至上,又分为做人的真实与做事的真实。

品牌是背后的一群人,做人之道决定做事之道。企业家是最好的品牌官,但品牌形象能否真正立得住取决于企业家的真我本色。品牌人要敢于说真话,虽服务于企业,但服从于专业。品牌人要站在企业家的高度做品牌，敢于用专业说服企业家做出决策。

唯天下之至诚能胜天下之至伪。空喊口号、自吹自擂、虚假宣传、作秀炒作，都是品牌发展的绊脚石。无论是广告传播，还是事件营销，无论是公益活动，还是品牌故事，真实都是最有效的沟通之道。真实的事物有一种内在的确定性，有一种内在的力量，是消费者能真切感知到的，也是真正能产生品牌价值的。有时候，更纯粹、更真实的出发点，会使原本无心插柳的行为，带来万柳成荫的惊喜。

第二是洞察本质。

洞察是品牌最重要的一课，也是最难的一课。想知道问题的答案，首先得问对问题。"贵不贵"并没有抓住问题的核心，"值不值"才是真正应该关心的。而"如何才能淡化品牌的中国背景"也是个伪命题，品牌的出处不会影响品牌的高度，最具价值的全球品牌都是最优秀的民族品牌。

经常还会有企业家问我："投入若干品牌预算后，多久能见效？能带来多少销量？"我只能笑着回答，如果世界上有这样一个标准的投入产出比公式，那么就不是比谁最会做品牌，而是比谁最有钱。巴菲特也没有掌握这样的投资方程式，他也不能保证每次投资能低买高卖，每笔投资都盈利。打造品牌不应简单地被视为成本和费用，打造品牌也是一种长期的投资行为，我们要做的是找到更好的品牌之道，提升赢的概率，先竞争对手一步登顶成功的阶梯。

移动互联网改变了大众获取信息的路径,不断演化出新的传播形式,但是品牌的核心本质没有变,依然是个性、文化与价值,依然是动人的故事。就像真正经典的书籍、电影和音乐,不会随着时光的流转而改变。品牌的本质也是跨越行业与体制差异的,实际操作层面的"术"虽不同,但"道"是相通的。

变化与不变、短期与长期、现象与本质、假象与真实,都需要洞察的力量加以明辨和区分。站在真正的"上帝视角",才能辨别消费者现实的"想要"和真实的"需要";消费者未被满足的真实需求,才是企业真正应该关注的"竞争对象";低价内卷没有未来,差异化竞争才是正道;法律是他律,道德是自律,"利己"是本性,"利他"是智慧,看似至拙的做法,其实是更高维的品牌运营之道。

第三是突破创新。

新意、新颖、新鲜、新潮、新奇、创新……想要夺人眼球,只能标新立异,无"新"不品牌。行成于思,毁于随,我更愿意走没有人走过的路,虽然充满挑战,但也充满乐趣。打破常规,转换视角,跨界思维,或许就能挖掘到其他人没有发现的价值。

"国潮"很热,但也不应盲目追捧"新"国潮,而是要深入理解"心"国潮,怀着对中国传统文化的敬畏之心才是做好文化营销之道;直播很火,但一味跟风可能只是赔本赚吆喝,只有适合品牌的直播才真"值"。

模仿和复制简单,跟风和蹭热点也简单,而突破和创新却很难。但简单的事只能制造"假差异化",竞争门槛很低,难做的事才能创造"真差异化",对手才真的难以超越。

品牌价值最大化

随着行业标准的规范、技术透明度的提升、供应链的日渐趋同,企业之间的角逐门槛在不断降低,产品与定价也越来越同质化。随着网络营销和直播行业的兴起,渠道与传播方式也变得相差无几。对于大多数身处"红海"的消费品企业而言,创造差异化竞争和更高利润模式的唯一选择,就是"产业微笑曲线"的右端,即品牌。

当经济发展进入新常态,企业面对更大的竞争,削减品牌预算也变成最容易的应对选项。这种看似自保的短期行为,实则主动放弃了长期竞争力。其实,企业需要重新审视的,并不是品牌预算的那个具体数字,而是品牌预算有没有最大限度拉动生意的增长,企业的品牌管理模式是不是真的发挥了作用。

我们谈了很多时代的品牌之道,再多的方式方法,目的只有一个,一切为了品牌价值最大化。

从识大势谋大局,到一切皆可事件,从直播要更"值"得,到公益要"溢"起来,我们的话题都建立在有限的预算之上,也建立在用最合理的资源创造最大的品牌价值之上。真正拉开与对手差距的,不是预算的多少,而是洞察力、创造力与执行力,也是品牌人的真正能力。

　　这个世界是由认知组成的，人与人之间、企业与企业之间的差距也是由认知造成的。对行业、对品牌、对消费者的深度认知，实际上等同于财富，如果我们能把握核心，能先人半步，就能享受到认知差异的红利，就能把认知变现为价值。

　　希望越来越多的中国企业找到适合自身的品牌之道，希望民族品牌在新时代的发展下越来越好。